DX プロセスガイドライン

一般社団法人 AI・IoT普及推進協会 編

同友館

はじめに

わが国の総人口は2010年の1億2,806万人をピークに，年々，減少傾向となっています。

また，14歳以下の減少による少子化率と65歳以上の増加による高齢化率が共に上昇傾向となり，少子高齢化が進展しています。

他方，15歳〜64歳の労働人口は1995年の8,717万人以降，毎年の減少により，人材不足と経済のグローバル化の中でますます労働生産性の向上が必須となってきました。

そのようななか，わが国の全企業の大きな課題として，労働生産性がOECD（ヨーロッパを中心に日・米を含め38か国の先進国が加盟する国際機関）加盟国の中で28位と大変低く，先進諸国の中で最下位のレベルが長期間続いています。

その理由として，わが国の企業では業務フローの中に多岐にわたる業務課題が山積しており，人海戦術的なやり方や業務課題の改善がなされないまま，惰性で残業を是として業務を行うことが多く，さらにマネジメント層は労働時間削減の意識が低く，労働時間は長時間化し，労働生産性を悪化させているといわれています。

このような状況に対して，わが国の政府が働き方改革を推進してきたことにも後押しされ，企業では労働生産性を上げるためのテレワークやIT化を進めています。

しかしながら，ITの利活用率が向上しているにもかかわらず，大きく労働生産性が向上しないのは，ITを利活用している業務が事務業務中心であるからです。たとえば，事務業務効率化の第1段階である紙情報をデータ化したり，データの二重入力をなくしたり，人為的ミスをなくして正確な計算ができても，それらは業務全体の中では必ずしも大きなウエートを占めるわけではなく，事務業務の効率化に過ぎないからです。

このようにアナログ・物理データのデジタルデータ化を行うことをDigitization（デジタイゼーション）と呼びますが，この第1段階はまだIT化の一歩目で，企業全体の労働生産性を向上するまでには至りません。この段階ではITの基本であるツールが登場します。たとえば，ExcelやWordやグループウェアなどです。

また，第2段階として，業務毎にデータ化されていなかった情報をデータベース化して個別の業務毎や業務フロー範囲の業務効率化を行うことをDigitalization（デジタライゼーション）と呼びますが，このITを有効に活用した段階でも，企業全体の労働生産性を劇的に向上するには至りません。この段階になると多くのデータベースシステムが登場します。たとえば，有名なところですと，財務会計，人事給与，販売管理，生産管理システムなどです。

しかし，各業務部門毎の事務業務をIT化によりDigitizationやDigitalizationをいくら行って業務改善を行っても事務業務の効率化が進むだけであり，企業全体の労働生産性向上の効果は限定的であるといえます。

むろん，IT導入によるDigitizationやDigitalizationによる事務業務の効率化は，それらを行っていない企業と比較すると労働生産性は向上する傾向になることは間違いありません。

ただし，抜本的に企業の全体最適化による業務改善と経営改革までには至りません。また，すべての事務業務を全体最適化を目指して，単にERP（統合基幹業務システム）を導入したりすれば済むというような簡単な問題ではありません。

そこで，わが国では抜本的な解決策として，ITよりも一歩も二歩も最先端なITの利活用手

法として，内閣府がSociety5.0（ソサエティー 5.0），経済産業省がConnected Industries（コネクテッドインダストリーズ）に関する概念を提唱しています。

　従来のITは「第三次産業革命」の時代では必須であり，事務業務の効率化のためのIT化であるのに対して，Society 5.0を目指し導入されるAI・IoTに代表される最先端のデジタルツール（本書ではAI, IoT, RPA, BIG DATA, ロボテックス，ドローン，5G, AR/VR, メタバース等，年々進化する最先端のデジタル化を指します。）を利活用することにより，真に業務改善・改革が必要な現場での労働生産性を向上させ，顧客価値を生み出すことやさまざまな社会的な課題を解決することができます。このような革命を「第四次産業革命」と呼びます。

　また，個別最適化による業務改善ではなく，AI・IoTに代表される最先端のデジタルツールによる企業内のバリューチェーン最適化，さらに，産業のバリューチェーン最適化の経営改革によって労働生産性を向上させることがSociety5.0の目指すところです。

　わが国においてこのような潮流になったひとつの理由として，ドイツのメルケル元首相がIndustry4.0（インダストリー 4.0）を提唱し，世界に通用するモノづくりのデファクトスタンダード（業界標準）を推進してきたことがあげられます。

　Industry4.0は，ドイツの主要産業である自動車産業を中心にSmart Factory（スマートファクトリー）を目指し，AI・IoTに代表される最先端のデジタル化で工場間，製造ライン間をネットワーク化して産業のバリューチェーンを最適化したことにより，バリューチェーンに参加する各企業の労働生産性を大幅に向上させることに成功しました。

　わが国のConnected Industriesの概念も，Industry4.0のコンセプトと同様にさまざまな業種，企業，人，機械，データをIoT（Internet of Things：モノのインターネット化）により情報を収集し，BIG DATAにより巨大で複雑なデータを集合化することで，AI（Artificial Intelligence：人工知能）等によって製品・サービスを創出し，労働生産性を劇的に向上させることを目指すものです。

　同時に，これらを通じて産業競争力の強化を図り，社会的な課題を解決し，国民生活の向上・国民経済の健全な発展を目指しています。

　さらに，Connected Industriesにおける産業のバリューチェーン最適化とは，データがつながり，有効活用されることにより，技術革新，生産性向上，技術伝承などを通じた課題解決を目指す姿となります。

　また，企業内のバリューチェーン最適化は，人とAI・ロボットがつながることで，働きやすい環境にしたり，技能がデータ化され後世に伝承されたり，地域・中小企業への面的展開などを目指しています。

　その後，わが国ではSociety 5.0とConnected Industriesを包括するコンセプトとしてDigital Transformation（デジタルトランスフォーメーション）の概念が登場しました。Digital Transformationは，DX（ディーエックス）と略するのが一般的です。

　DXは，組織横断／全体の業務・製造プロセスのデジタル化，"顧客起点の価値創出（顧客価値）"のための事業やビジネスモデルの変革や経営改革を目指すものです。

　DXは「ITの浸透が，人々の生活をあらゆる面でより良い方向に変化させる」という概念で，2004年にスウェーデンのウメオ大学のエリック・ストルターマン教授が提唱しました。その後，ビジネス用語として定義・解釈は広まっていますが，経済産業省の言うところの「ユーザー視点で新しい価値を提供＝顧客価値創造」という意味合いでも用いられています。

　Society 5.0とConnected IndustriesやDXを実現する際に課題になったのが，わが国のAI・

IoTに代表される最先端のデジタルツールの利活用の遅れです。

　Society 5.0とConnected IndustriesやDXを実現するためには，ITを基礎としながらも，加えてAI・IoTの最先端のデジタル化による業務改善と経営改革が重要成功要因（KSF：キーサクセスファクター）となります。

　最先端のデジタル化の課題について，わが国と欧米諸国のAI・IoTに関するアンケート（企業向け国際アンケート調査結果：総務省）にて比較すると，わが国の企業は「通信回線の品質や速度」や「外部との接続性」などといったインフラに関する課題の回答率が低い状況でした。一方，「自社のニーズに対応したソリューションや製品・サービス」「ビジネスモデルの構築」などの経営改革に関する課題，また「組織としてのビジョンや戦略の立案」「組織風土」といった組織改革に関する課題をあげている企業の割合が高い傾向がみられました。

　特に，わが国では，AI・IoTの利活用がもたらす効果や，その効果を最大化するためのDX実行に関する方策について具体像が描けていないことがAI・IoT利活用の課題となっています。

　また，わが国のAIに関する課題をみると，「AIの分析結果を担保できない」「有用な結果が得られるか不明」といった課題が米国，英国，ドイツなどと同様である半面，「AIの導入を先導する組織・人材の不足」に関して課題としている企業の割合が高い点が特徴となっています。

　一方，IoTに関する課題では，「ネットワークに接続されたモノが第三者に乗っ取られるリスク」「リアルデータやプライバシー情報の保管」といったセキュリティに関する課題が米国，英国，ドイツなどと同様である半面，AIと同様，「IoTの導入を先導する組織・人材の不足」に関して課題としている企業の割合が高い点が特徴となっています。その結果，わが国では，国際的に見てもAI・IoTに代表される最先端のデジタルツールの利活用が相当遅れています。

　また，わが国ではDXに関して，経済産業省が「2025年の崖」を発表しました。

　この2025年の崖では，多くの経営者が，将来の成長，競争力強化のために，AI・IoTに代表される最先端のデジタルツールを利活用して新たなビジネスモデルを創出，柔軟に改変するDX実現の重要性について頭の中で理解はしています。

　しかしながら，旧態依然のITが事業部門毎に構築されて全社横断的なデータ活用ができなかったり，過剰なカスタマイズがなされているなどにより複雑化・ブラックボックス化しているのが実態であり，経営者がDXを望んでも，データ活用のために既存システムの問題を解決するためには業務自体の見直しも求められ（＝経営改革そのもの），現場サイドの抵抗も大きく，いかにこれを実行するかが課題となっています。

　この課題を克服できない場合，DXが実現できないだけでなく，2025年以降，最大12兆円／年の経済損失が生じる可能性があることを「2025年の崖」と呼んでいます。

　わが国のDXを推進するすべての読者に対して，この2025年の崖に陥ることなく，少子高齢化，労働人口減少によって労働生産性が極めて低い状況のなか，AI・IoTに代表される最先端のデジタルツール導入によりDXを実行する，門外不出のプロセスを全公開したのが本書『DXプロセスガイドライン：DX Process Guideline』（DXPGL：ディーエックスピージーエル）です。

　DXプロセスガイドラインのプロセス全般を「DX Process」（ディーエックスプロセス）と呼びます。DX Processでは，経営者の想いであるTo-Be（目標）を決定後，As-Is（現状）で課題をすべて抽出し，業務フローとシステムマップで現場での業務課題をすべて可視化しま

す。

　その後，To-Be（目標）とAs-Is（現状）のギャップ（課題解決策）を，AI・IoTを中心とする最先端のデジタルツールを利活用することで検討し，To-Beの業務フローとシステムマップ，そしてバランススコアカード（BSC）やビジネスモデルキャンバス（BMC）などを利活用してAI・IoT導入シナリオを描きます。

　その際に，KGI（Key Goal Indicator：重要目標達成指標），KPI（Key Performance Indicators：重要業績評価指標）とアクションプランを描き，実行計画書に落とし込みます。最後に，データ捕捉と業務改善により，DX実現に向け実行のスパイラルアップを行っていきます。

　このように，DX Processにおいて「DX実行計画書」を策定することにより，鳥の目（企業全体を俯瞰して改革する視点），虫の目（経営資源を直接見て改善する視点），魚（うお）の目（経営資源の流れを観察して改善する視点），蝙蝠（こうもり）の目（反対から物事を見て改善する視点）からのDX実行により，データドリブン経営による経営改革と業務改善を実現することが可能となります。

　本書『DXプロセスガイドライン』は当協会の基本テキストとなりますので，当協会認定資格取得前，取得後，そして認定資格者が活躍する際のDX実践バイブルとして利活用していただきたいと思います。また，DXを推進するすべての読者に読んでいただくために内容を工夫いたしました。本書の全体構成は以下のとおりです。

　第1章では，DX実現のための第四次産業革命時代のIoT，BIG DATA，AIの3領域を中心に解説しています。

　第2章では，ケーススタディと事例企業でDX Processを解説しています。各種フレームワークを付けて，実際のDXを推進する際に利活用できるようにしました。

　第3章では，IoT（I領域），BIG DATA（B領域），AI（A領域），SECURITY（S領域）の4領域（4ドメイン）についてのサンプル問題を掲載し解説を行っています。

　第4章では，当協会の紹介と各種認定資格の概要を紹介しています。

　また，最後の第5章では，DX Processに関するフレームワーク集をご用意しました。基本的には第1章から順番にお読みいただくことをお勧めしますが，認定AI・IoT基礎検定（AIFT）受験用にご購入の方は，第3章を先に読むことを推奨いたします。

　当協会の認定AI・IoTコンサルタント（AIC），認定AI・IoTアドミニストレータ（AIA），認定AI・IoTスペシャリスト（AIS）受講者用としてご購入の方，DXを推進する一般の読者の方々は第1章からお読みいただきますようお願いいたします。

　当協会認定資格取得者の方は，第1章から第5章まで，お好きな個所からお読みいただき，実際のDX実践バイブルとして復習も含めご活用いただきますようお願いいたします。

　現在，わが国は空前のDXブームです。DXを一過性のブームやバズワードと捉えてしまい，DXの実現を目指さないことはある種，時代の流れに背を向けることと同じです。DXはかつてのITとは違い，事務業務を効率化することだけでなく，企業のすべての業務フローに対して，真の現場の業務改善と経営改革を目指す「第四次産業革命時代の最先端の経営戦略」といっても過言ではありません。

　しかし，中小企業経営者の方々の中には，「うちはパソコンを使えないから，DXはIT化した後で検討するよ」とか，「DXなんかは単なるブームで，決して労働生産性とは関係ないし，高額でとてもできるものではないね」とか，「うちの会社は高齢化で，今さらDXなんていわれても全く関係ないね」というご意見をお持ちの方が本当に多いと感じています。

また，大企業の経営者の方々であっても，「DXをするから，とにかくAIなどを使ってデータサイエンティストを雇ってでも会社の情報を使って分析したまえ」と現場に丸投げしてしまったり，「DXを急いで実行するためにもIoTで現場の業務改善をしたまえ」とデジタル化のみで社内向けビジネスプロセスリエンジニアリング（BPR）を進めてしまったり，「うちの基幹システムはライバル企業よりも古いので，海外の最先端のプラットフォームで基幹システムをリプレイスすることが重要」とレガシーシステムの脱却だけを目的にしてしまったりと，DXの本質を理解せずに，DigitizationやDigitalizationから脱却できず，DXを実現するためのプロセスの欠如が見て取れます。

　詳細はぜひ本書でしっかりとご理解いただければと思いますが，DXの実現は企業の労働生産性を向上させ，経営者の想いの実現や従業員が生きがいを持って企業で幸せに働ける環境を構築することにもつながります。また，省力化や省エネルギー化，自然環境などへの配慮も行うことでSDGsにも寄与していきます。

　本書をDX実践のバイブルとしてご活用いただき，経営者の想い，つまり経営ビジョンを頂点に全従業員の現場もモチベーションアップやインセンティブを働かせていきながら，ベクトルを合わせてDXを推進していただければと思います。

　最後に，本書ではDXを推進するすべての読者のバイブルとなることを目指して，当協会の門外不出であったプロセスをすべて公開いたしました。それは，わが国の発展を心から願い活動する当協会のパーパス（存在意義）です。ぜひ，本書で学んでDXを成功に導き，わが国の成長に貢献していただければ幸いです。

一般社団法人AI・IoT普及推進協会
代表理事兼事務局長
阿部　満

目　次

第1章：DX実践のためのAI・IoTを代表とするデジタル化

第1節　わが国のDX取り組みの変遷 ················· 3

わが国の少子高齢化と労働人口減少　4
OECD加盟諸国とわが国の労働生産性（日本生産性本部）　5
Society5.0（内閣府）　6
Society5.0による新しい価値（内閣府）　7
Connected Industries（経済産業省）　8
Connected Industriesの考え方（経済産業省）　9
Digital Transformation（経済産業省）　10
GAFAMとは？　11
DXフレームワーク（経済産業省）　12
デジタル産業の姿と企業変革の方向性（経済産業省）　13
AI・IoT利活用の課題（総務省）　14
AI導入の課題（総務省）　15
IoT導入の課題（総務省）　16

第2節　DX Process全体像 ················· 17

古典的なIT導入手法と最先端のDX実現手法の違い　18
DX Processリファレンス　19
第四次産業革命時代のDXの実現手法　20
DXスパイラルアップ概念図　21
DX氷山モデル概念図　22
DX実現のための見える化の概要図　23
鳥の目・魚の目・虫の目・蝙蝠の目　24
第四次産業革命時代のゲームチェンジャー出現の留意点　25
企業規模の留意点　26
デジタルツール導入の際の留意点　27
PoCサイクルの留意点　28
PDCAサイクルの留意点　29

第3節　IoT・BIG DATA・AIの基本 ················· 30

IoTの概念図　31
IoTの得意分野　32
IoTツール例①：マルチ・データボックス　33
IoTツール例②：iXacs　34
IoTツール例③：Raspberry Pi　35
BIG DATAの概念図　36
BIG DATAの得意分野　37

　　BIG DATAツール例①：Amazon Web Service　　38

　　BIG DATAツール例②：Microsoft Azure　　39

　　BIG DATAツール例③：Google Cloud　　40

　　AIの概念図　　41

　　AIの得意分野　　42

　　AIツール例①：Watson　　43

　　AIツール例②：ナレコムAI　　44

　　AIツール例③：Matrix Flow　　45

第4節　製造業に関するDX事例 ……………………………………… 46

　　故障予測や生産の最適化（製造業）　　47

　　ミルスケール防止予測（製造業）　　48

　　最適回転数と圧力調整（製造業）　　49

　　日本酒造りのノウハウの見える化（製造業）　　50

第5節　サービス業に関するDX事例 ………………………………… 51

　　顧客対応時間短縮で顧客満足度向上（サービス業）　　52

　　タクシーの配車可視化による乗客率向上（サービス業）　　53

　　24時間365日質問回答でサービス向上（サービス業）　　54

　　顔認識により予約，再来店数増加（サービス業）　　55

第6節　小売業に関するDX事例 ……………………………………… 56

　　顧客動向分析によるMD力向上（小売業）　　57

　　マグネット商品への導線向上（小売業）　　58

　　O2Oマーケティングの実現（小売業）　　59

　　新人でもスムーズなレジ作業（小売業）　　60

　　コラム1 データ活用による「見える化」が生産現場を変える　　61

第2章：ケーススタディで学ぶDX Process（DXP）

第1節　DX Process（DXP） ………………………………………… 65

　　DX推進における定性評価①　　66

　　DX推進における定性評価②　　67

　　Ⅰ．目標策定①経営理念・経営者の想い　　68

　　Ⅰ．目標策定②経営目標　　70

　　Ⅰ．目標策定③業務改善目標　　71

　　Ⅱ．現状把握・課題抽出④課題一覧表　　72

　　Ⅱ．現状把握・課題抽出⑤As-Is版業務フロー　　73

　　Ⅱ．現状把握・課題抽出⑥As-Is版システムマップ　　75

　　Ⅲ．課題解決策策定⑦課題解決策実施一覧表　　77

　　Ⅲ．課題解決策策定⑧To-Be版システムマップ　　78

　　Ⅲ．課題解決策策定⑨To-Be版業務フロー　　80

Ⅲ．課題解決策策定⑩AI・IoT導入シナリオ　81

Ⅲ．課題解決策策定⑩AI・IoT導入シナリオ（BSC）　82

Ⅲ．課題解決策策定⑩AI・IoT導入シナリオ（BMC）　83

Ⅲ．課題解決策策定⑪実行計画書　84

Ⅳ．実行⑫MONITORING & CONTROL（データ捕捉と業務改善対策）　85

第2節　ケーススタディ ……………………………………………………………… 86

ケーススタディ①　87　　　　ケーススタディ②　88

ケーススタディ③　89　　　　ケーススタディ④　90

ケーススタディ⑤　91　　　　ケーススタディ⑥　92

第3節　サンプル解答事例 ……………………………………………………………… 93

解答例①　94　　　　　解答例②　95

解答例③　96　　　　　解答例④　97

解答例⑤　98　　　　　解答例⑥　99

解答例⑦　100　　　　解答例⑧　101

解答例⑨　102　　　　解答例⑩　103

解答例⑪　104

第4節　AI・IoT普及推進大賞最優秀賞受賞企業事例 ……………………… 105

AI・IoT普及推進大賞について　106

事例企業：武州工業株式会社様DX事例紹介　107

コラム2　すべての情報（データ）が統合されAIが接客の質を高める　122

第3章：DXの先端技術に関する基本問題と解説集

第1節　IoT（I領域）サンプル問題と解説 ………………………………………… 125

AI・IoT基礎検定出題範囲（システムマップ）　126

Society5.0におけるIoT　127

Connected IndustriesにおけるIoT　128

IoTの全体概要　129

自動認識　130

IoTセンサー　131

小型PC　132

PLC　133

スマートフォン　134

Wi-Fi　135

近距離無線　136

フィールドネットワーク　137

WAN　138

通信プロトコル　139

共通伝送方式　140

　　IoT用語解説集　141

第2節　BIG DATA（B領域）サンプル問題と解説 ………………………………… 144
　　Society5.0におけるBIG DATA　145
　　Connected IndustriesにおけるBIG DATA　146
　　エッジコンピューティング①　147
　　エッジコンピューティング②　148
　　エッジコンピューティング③　149
　　IoTサーバ①　150
　　IoTサーバ②　151
　　IoTサーバ③　152
　　クラウド①　153
　　クラウド②　154
　　データベース　155
　　BIG DATAの実例①　156
　　BIG DATAの実例②　157
　　BIG DATA活用の法整備　158
　　BIG DATA用語解説集　159

第3節　AI（A領域）サンプル問題と解説 …………………………………… 160
　　Society5.0におけるAI　161
　　Connected IndustriesにおけるAI　162
　　AIの全体概要　163
　　生産管理システムにおけるAI　164
　　販売管理システムにおけるAI　165
　　在庫管理システムにおけるAI　166
　　ERPにおけるAI　167
　　BI　168
　　機械学習　169
　　ディープラーニング　170
　　AI用語解説集　171

第4節　SECURITY（S領域）サンプル問題と解説 ………………………… 173
　　Society5.0におけるセキュリティ　174
　　Connected Industriesにおけるセキュリティ　175
　　情報セキュリティの3要素　176
　　パスワードの管理方法　177
　　標的型攻撃への対応　178
　　ホームページへのアクセス　179
　　物理的セキュリティ対策　180
　　情報セキュリティポリシーの策定　181
　　サイバーセキュリティ経営ガイドライン　182
　　IoTセキュリティガイドライン　183
　　NOTICE　184

ソフトウェアのセキュリティ対策　185

無線LANのセキュリティ　186

電子メールのセキュリティ　187

記憶装置の廃棄　188

SECURITY用語解説集　189

コラム3 AI活用による「なんとなく」経営からの脱却　196

第4章：AIPA認定資格のご紹介

第1節　一般社団法人AI・IoT普及推進協会のご紹介･･････････････199

一般社団法人AI・IoT普及推進協会概要　200

当協会事業活動　201

当協会全国体制図　202

中小企業からのご相談対応スキーム　203

政府・公的機関・金融機関連携事業　204

当協会認定資格体系図　205

当協会認定資格ポジショニング　206

第2節　認定AI・IoTコンサルタント（AIC）のご紹介･････････････207

認定AI・IoTコンサルタント（AIC）：活用領域　208

認定AI・IoTコンサルタント（AIC）：レベル・条件・KGI　209

認定AI・IoTコンサルタント（AIC）：資格取得メリット　210

認定AI・IoTコンサルタント（AIC）：資格認定ロゴ　211

認定AI・IoTコンサルタント（AIC）：資格認定証　212

認定AI・IoTコンサルタント（AIC）：資格認定カード　213

第3節　認定AI・IoTスペシャリスト（AIS）
**　　　　および認定AI・IoTアドミニストレータ（AIA）のご紹介**･･････214

認定AI・IoTスペシャリスト（AIS）
　/認定AI・IoTアドミニストレータ（AIA）：活用領域　215

認定AI・IoTスペシャリスト（AIS）
　/認定AI・IoTアドミニストレータ（AIA）：レベル・条件・KGI　216

認定AI・IoTスペシャリスト（AIS）
　/認定AI・IoTアドミニストレータ（AIA）：資格取得メリット　217

認定AI・IoTスペシャリスト（AIS）
　/認定AI・IoTアドミニストレータ（AIA）：資格認定ロゴ　218

認定AI・IoTスペシャリスト（AIS）
　/認定AI・IoTアドミニストレータ（AIA）：資格認定証　219

認定AI・IoTスペシャリスト（AIS）
　/認定AI・IoTアドミニストレータ（AIA）：資格認定カード　220

第4節　認定AI・IoT基礎検定（AIFT）のご紹介 ································· 221

認定AI・IoT基礎検定（AIFT）：出題領域　222

認定AI・IoT検定（AIFT）：試験概要と学習要領①　223

認定AI・IoT検定（AIFT）：試験概要と学習要領②　224

認定資格申し込みサイト　225

コラム4　AIによる需要予測と商品仕入れに関するMDの精度向上　226

第5章：DX Processフレームワーク集

DX推進における定性評価　228

0．表紙　229

Ⅰ．目標策定①経営理念・経営者の想い　230

Ⅰ．目標策定②経営目標　232

Ⅰ．目標策定③業務改善目標　233

Ⅱ．現状把握・課題抽出④課題一覧表　234

Ⅱ．現状把握・課題抽出⑤As-Is版業務フロー　235

Ⅱ．現状把握・課題抽出⑥As-Is版システムマップ　237

Ⅲ．課題解決策策定⑦課題解決策実施一覧表　239

Ⅲ．課題解決策策定⑧To-Be版システムマップ　240

Ⅲ．課題解決策策定⑨To-Be版業務フロー　244

Ⅲ．課題解決策策定⑩AI・IoT導入シナリオ（BSC）　245

Ⅲ．課題解決策策定⑩AI・IoT導入シナリオ（BMC）　247

Ⅲ．課題解決策策定⑪実行計画書　248

Ⅳ．実行⑫MONITORING & CONTROL（データ捕捉と業務改善対策）　249

本書（第1刷）のご購入特典　252

第1章 DX実践のためのAI・IoTを代表とするデジタル化

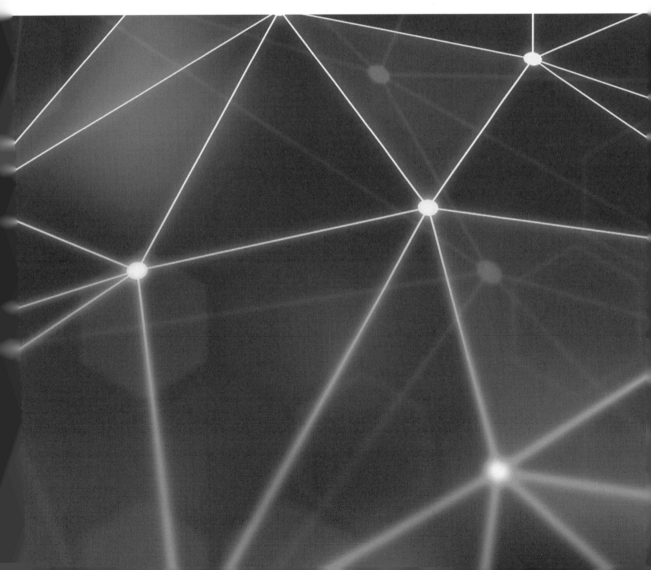

第1節　わが国のDX取り組みの変遷

わが国の少子高齢化と労働人口減少

概要

　わが国の総人口は2010年の1億2,806万人をピークに，年々，減少傾向となっています。また，14歳以下の減少による少子化率と65歳以上の増加による高齢化率が共に上昇傾向で，少子高齢化が確実に進行しています。

　他方，15歳〜64歳の労働人口は1995年の8,717万人以降，毎年の減少により，人材不足と経済のグローバル化の中でますます労働生産性の向上が必須となってきました。

●わが国の少子高齢化と労働人口減少の推移

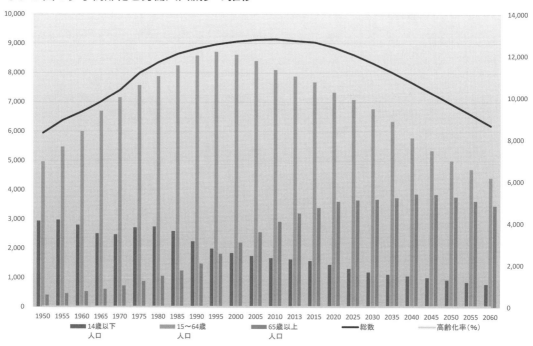

出所：2010年までは国勢調査，2013年は人口推計12月1日確定値，2015年以降は国立社会保障・人口問題研究所「日本の将来推計人口（平成24年1月推計）」の出生中位・死亡中位仮定による推計結果

ポイント

　少子高齢化による人手不足から新卒採用が難しくなり，一方ではベテランの離職問題や技術継承問題なども顕在化しています。企業は，売上や利益を維持するために，労働生産性を向上させる必要性が増してきており，喫緊の課題となってきています。

　その結果，目の前の業務に追われ，中長期で経営を考えることが疎かになるような状況が続いています。

　今後，少子高齢化の状況はますます深刻となり，経営を成長させることはおろか，維持することすら難しくなってくることが予想できます。

OECD加盟諸国とわが国の労働生産性
（日本生産性本部）

概要

　わが国の労働生産性は，OECD（ヨーロッパを中心に日・米を含め38か国の先進国が加盟する国際機関）加盟国の中で28位と大変低く，先進諸国の中で最下位のレベルが長期間続いています。

　わが国の企業では労働人口減少による人材不足の一方，人海戦術的なやり方や業務課題が山積しています。その業務課題の改善がなされないまま，惰性で残業を是として業務を行うことが多く，さらにマネジメント層は労働時間削減の意識が低く，従業員側も残業が悪いという意識が低いことから労働時間は長時間化し，労働生産性を悪化させているといわれています。

●OECD加盟諸国とわが国の労働生産性（日本生産性本部）

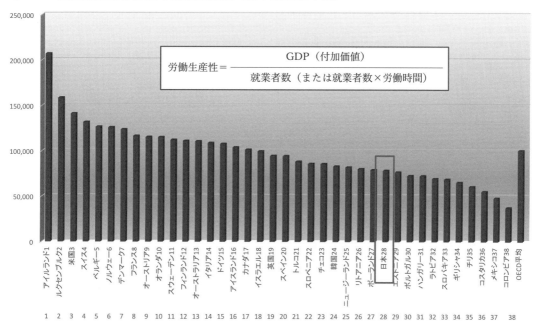

$$労働生産性 = \frac{GDP（付加価値）}{就業者数（または就業者数×労働時間）}$$

出所：公益財団法人日本生産性本部，2020年・就業者1人当たり/38か国比較

ポイント

　政府が働き方改革を推進してきたことにも後押しされ，企業では労働生産性を上げるためのIT化やテレワークを進めています。

　しかしながら，ITの利活用率が向上しているにもかかわらず，労働生産性はあまり向上していません。それは，ITを利活用している業務が，企業全体の業務フローの中でも事務業務が中心であるからです。

　わが国では抜本的な解決策として，ITよりも一歩も二歩も最先端なITの利活用手法として，内閣府がSociety5.0（ソサエティー 5.0），経済産業省がConnected Industries（コネクテッドインダストリーズ）に関する概念を提唱しています。

Society5.0（内閣府）

概要

　Society 5.0で実現する社会は，IoTですべての人とモノがつながり，さまざまな知識や情報が共有され，今までにない新たな価値を生み出すことで，課題や困難を克服します。また，AIにより，必要な情報が必要な時に提供されるようになり，ロボットや自動走行車などの技術で，少子高齢化，地方の過疎化，貧富の格差などの課題が克服されるというものです。社会の変革（イノベーション）を通じて，これまでの閉塞感を打破し，希望の持てる社会，世代を超えて互いに尊重し合える社会，一人ひとりが快適で活躍できる社会を目指しています。

●Society5.0（内閣府）

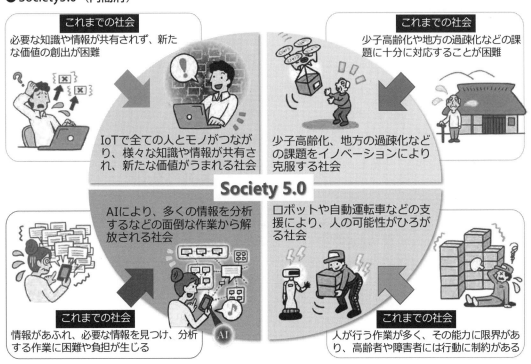

出所：内閣府「Society5.0」

ポイント

　企業で導入されているITは「第三次産業革命」の時代では必須であり，事務業務の効率化のためのIT化であるのに対して，Society 5.0を目指し導入されるAI・IoTを代表とする最先端のデジタルツール（本書ではAI，IoT，RPA，BIG DATA，ロボテックス，ドローン，5G，AR/VR，メタバース等，年々進化する最先端のデジタル化を指します。）を利活用することで，真に業務改善・改革が必要な現場での労働生産性を向上させ，顧客価値を生み出すとともにさまざまな社会的な課題を解決することができます。このような革命を「第四次産業革命」と呼びます。

Society5.0による新しい価値（内閣府）

概要

わが国の労働生産性向上のためにはITを中心とした個別最適化による業務改善ではなく，AI・IoTを代表とする最先端のデジタルツールによる企業内のバリューチェーンの最適化，そして産業のバリューチェーン最適化後の経営改革による労働生産性を向上させることがSociety5.0の目指すところです。

● Society5.0による新しい価値（内閣府）

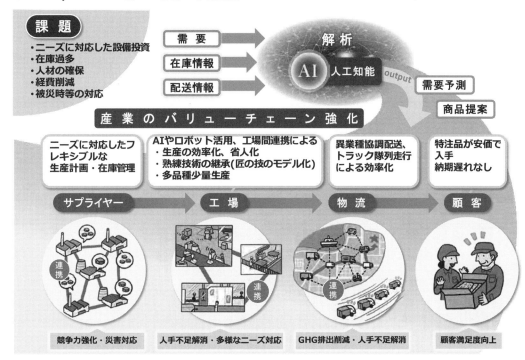

出所：内閣府「Society5.0」

☞ポイント

Society 5.0では，顧客や消費者の需要，各サプライヤーの在庫情報，配送情報といったさまざまな情報を含むBIG DATAをAIで解析することにより，これまで取引のない他分野と連携させ，サプライヤーでは「ニーズに対応したフレキシブルな生産計画・在庫管理」，工場では「AIやロボット活用，工場間連携による生産の効率化，省人化，熟練技術の継承（匠の技のモデル化），多品種少量生産」，物流では「異業種協調配送やトラックの隊列走行などによる物流の効率化」，顧客は「特注品の安価での入手や納期遅れなし」といったことができるようになります。そして，社会全体としても産業の競争力強化，災害時の対応，人手不足の解消，多様なニーズへの対応，GHG（Green House Gas：温室効果ガス）排出や経費の削減，顧客満足度の向上や消費の活性化を図ることを目指しています。

Connected Industries（経済産業省）

Society5.0やConnected Industriesのような潮流が生まれたひとつの理由として，ドイツのメルケル元首相がIndustry4.0（インダストリー4.0）を提唱し，世界に通用するモノづくりのデファクトスタンダード（業界標準）を推進してきたことがあげられます。

Industry4.0は，ドイツの主要産業である自動車産業を中心にSmart Factory（スマートファクトリー）を目指し，AI・IoTを代表とする最先端のデジタル化で工場間，製造ライン間をネットワーク化して，産業のバリューチェーンを最適化することによりバリューチェーンに参加する各企業の労働生産性を大幅に向上することに成功しました。

●Connected Industriesとは（経済産業省）

Connected Industries とは？

様々な業種、企業、人、機械、データなどがつながって

⬇

AI等によって、新たな付加価値や製品・サービスを創出、生産性を向上

⬇

高齢化、人手不足、環境・エネルギー制約などの社会課題を解決

⬇

これらを通じて、産業競争力の強化
→国民生活の向上・国民経済の健全な発展

こうした「Connected Industries」の実現は、業種・業態やこれまでのIT化の取組み度合いなどによって、多種多様。
一工場内の「つながり」にとどまるものもあれば、取引先や同業他社とつながったり、顧客や市場と直接つながっていくものも。
既存の関係を越えてつながりが広がれば、新たな産業構造の構築に至る可能性も。

出所：経済産業省「Connected Industries」東京イニシアティブ2017，平成29年10月2日

わが国のConnected Industriesの概念は，さまざまな業種，企業，人，機械，データをIoT（Internet of Things）により情報を収集し，BIG DATAとして集合化することで，AI（Artificial Intelligence）等によって製品・サービスを創出し，労働生産性を劇的に向上することを目指すものです。

その結果，高齢化，人手不足，環境・エネルギー制約などの社会課題を解決できるとし，これらを通じて産業競争力を強化し，国民生活の向上・国民経済の健全な発展を目指しています。

Connected Industriesの考え方（経済産業省）

概要

　Connected Industriesにおける産業のバリューチェーン最適化とは，BIG DATAをAI等によって比較検証，分析することで，事業所間・部門間のデータがつながり，製品・サービスのデータが生産者等とつながり，サービスを向上させ，労働生産性を向上させることを目指しています。また，企業内のバリューチェーン最適化とは，人とAI・ロボットがつながることで，働きやすい環境にしたり，技能がデータ化されることにより，後世への伝承や地域・中小企業への面的展開などを目指しています。

●Connected Industriesの考え方（経済産業省）

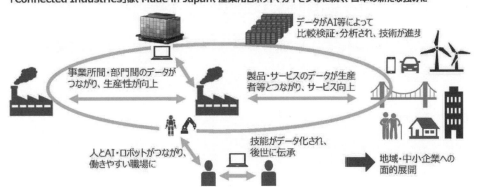

出所：経済産業省「Connected Industries」東京イニシアティブ2017，平成29年10月2日

ポイント

　従来，わが国の産業界では事業所・工場，技術・技能等のデータ化は進んでいましたが，それぞれバラバラに管理され，連携していないことで産業のバリューチェーン最適化が進んでいませんでした。Connected Industriesは将来，データがつながり，有効活用されることにより，技術革新，生産性向上，技能伝承などを通じた課題解決を目指す姿となります。

　その後，わが国ではSociety 5.0とConnected Industriesを包括するコンセプトとしてDigital Transformation（デジタルトランスフォーメーション）の概念が登場しました。Digital Transformationは，DX（ディーエックス）と略すのが一般的です。

Digital Transformation（経済産業省）

概要

　DXは，組織横断/全体の業務・製造プロセスのデジタル化，"顧客起点の価値創出（顧客価値創造）"のための事業やビジネスモデルの変革や経営改革を目指すものです。

　DXは，「ITの浸透が，人々の生活をあらゆる面でより良い方向に変化させる」という概念で，2004年にスウェーデンのウメオ大学のエリック・ストルターマン教授が提唱しました。その後，ビジネス用語としては定義・解釈は多岐にわたっていますが，経済産業省の言うところの「ユーザー視点で新しい価値を提供＝顧客価値創造」という意味合いでも用いられています。

● Digital Transformation とは（経済産業省）

デジタル・トランスフォーメーションとは一体何か

・デジタル技術をつかって
・つながり方を変えて
・本当にやりたかったことをやる

＝経営戦略とデジタル戦略は一体
＝ユーザー視点で新しい価値を提供

出所：経済産業省「DXを巡る状況とデジタルトランスフォーメーション銘柄（DX銘柄）の狙い」

ポイント

　経済産業省は，わが国の企業がDXが実現しなかった場合のことを「2025年の崖」と呼び，警告しました。この2025年の崖の警告に対して，多くの企業経営者が，将来の成長，競争力強化のために，AI・IoTを代表とする最先端のデジタルツールを利活用して新たなビジネスモデルを創出するDX実現の重要性について，頭の中で理解はしています。

　しかしながら，旧態依然のITが事業部門ごとに構築されて，全社横断的なデータ活用ができなかったり，過剰なカスタマイズがなされているなどにより複雑化・ブラックボックス化している状況においては，経営者がDXを望んでも，既存システムの問題を解決し，業務自体の見直しが求められ（＝経営改革そのもの），さらに現場サイドの抵抗も大きく，いかにこれを実行するかが課題となっています。

GAFAMとは？

　DXと聞くと，すぐに思い出すのが米国のビッグ・テック企業のGAFAM（ガーファム）ではないでしょうか。

　GAFAMとは，Google，Apple，Facebook，Amazon，Microsoftの5社の総称です。この5社は，IT業界の大企業ということだけでなく，プラットフォームサービスを広く提供するプラットフォーマーとしてもビジネスを展開しています。

　収集した莫大な情報をBIG DATAとして，AIなども活用しながら強力な顧客価値創造を生み出しています。これは他社には簡単に真似のできない強靱なビジネスモデルであり，ある種の社会インフラともいえます。同様のプラットフォーマーの競合他社よりも，数段上の優位性を誇っています。

● GAFAMとは？

■☞ポイント

　かつては，わが国の自動車や電機メーカーが世界の時価総額で上位を占めていました。しかし，現在の時価総額トップはGAFAMを代表とする米国企業です。その理由は，膨大なBIG DATAの情報をAIで分析し，さまざまなビジネスモデルをつくり上げることが可能であり，モノではなく，コトビジネスを中心に，デジタルデータを中心とした，データの量による規模と範囲の経済が働いているからです。

　たとえば，Googleは，Google Cloudでさまざまなクラウドサービスを提供しています。Appleも，App Storeで各種アプリを提供しています。Facebookも，広告ビジネスやさまざまなアプリケーションサービスを提供しています。最近では会社名をMetaと改名して，仮想空間でのメタバースサービスを提供し始めました。Amazonは，ネット販売を中心にしながらも，AWS（Amazon Web Services）など，多種多様なインフラストラクチャーサービスを提供しています。Microsoftも，AzureなどでSaaS（Software as a Service）やPaaS（Platform as a Service）などのサービスを提供しています。

　GAFAMのようなビッグ・テック企業は，電気，水，ガスなどと同じような社会的なインフラとしてなくてはならない存在であり，プラットフォームビジネスとして競合他社より優位に立つことができるビジネスモデルといえます。同時に，社会変化に迅速に対応し，消費者が求める潜在的なニーズやウォンツも的確につかむことにより付加価値の高い，顧客価値を創造し続けています。

DXフレームワーク（経済産業省）

概要

　経済産業省は「DXレポート2中間とりまとめ（概要）」の中で，DXの構造を明確にしています。まず，未着手の段階はIT化なども全くなされてない非デジタル化の段階です。

　次に第1段階がDigitization（デジタイゼーション）であり，アナログ・物理データのデジタルデータ化の段階です。次のDigitalization（デジタライゼーション）は，個別の業務・製造プロセスのデジタル化の段階です。最後はDigital Transformation（デジタルトランスフォーメーション）であり，組織横断/全体の業務・製造プロセスのデジタル化，"顧客起点の価値創出＝顧客価値創造"のための事業やビジネスモデルの変革の段階です。

● DXフレームワーク（経済産業省）

	未着手	Digitization デジタイゼーション	Digitalization デジタライゼーション	Digital Transformation デジタルトランスフォーメーション
ビジネスモデルのデジタル化				ビジネスモデルのデジタル化
製品/サービスのデジタル化	非デジタル製品/サービス	デジタル製品	製品へのデジタルサービス付加	製品を基盤とするデジタルサービス／デジタルサービス
業務のデジタル化	紙ベース・人手作業	業務/製造プロセスの電子化	業務/製造プロセスのデジタル化	顧客とのE2Eでのデジタル化
プラットフォームのデジタル化	システムなし	システムなし		デジタルプラットフォームの整備
DXを進める体制の整備	ジョブ型人事制度／リカレント教育	CIO/CDXOの強化／リモートワーク環境整備	内製化	

出所：経済産業省「DXレポート2中間取りまとめ（概要）」令和2年12月28日

☞ポイント

　DXフレームワークで強調されている点は以下のとおりです。

①業界内の他社と合意形成して共通プラットフォームを構築し，協調領域に対するリソースの投入を最小限にすべきである点。

②ベンダー企業は，受託開発型のビジネスとは決別し，ユーザー企業のDXを支援・伴走してけん引するようなパートナーに転換していく点。

③自社の変革活動をけん引するDX人材が不可欠。ビジネスを深く理解したうえで，データとデジタル技術を活用して，それをどう改革していくかについての構想力を持ち，実現に向けた明確なビジョンを描くことができる人材が必要という点。

となります。

デジタル産業の姿と企業変革の方向性（経済産業省）

概要

　社会全体のデジタル化が進むなか，わが国の企業としてもこの流れに適応し，データとデジタル技術を駆使して新たな顧客価値創造が求められています。そして，デジタル社会の実現に必要となる機能を社会にもたらすのがデジタル産業です。

　デジタル産業は，市場との対話の中で迅速に変化する必要性や，1社で対応できない多様な価値を結びつける必要性からネットワーク型の構造となります。また，デジタル産業を構成する企業は，その特色を踏まえて下図の①から④に示す，4つに類型化できます。

●デジタル産業の姿と企業変革の方向性（経済産業省）

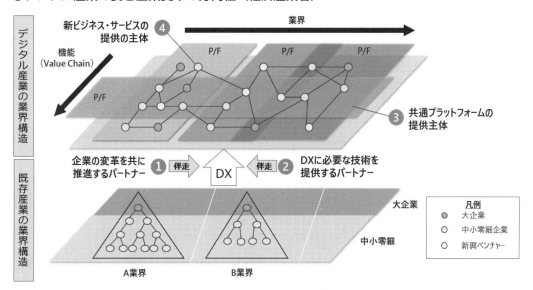

出所：経済産業省「DXレポート2.1（DXレポート2追補版）」令和3年8月31日

ポイント

　旧来の第三次産業革命のITの時代では，既存産業内でのパートナー関係やDXに必要な技術を提供するパートナー（ITベンダー）との伴走型連携を進めることが中心でした。

　これから第四次産業革命のDXの時代になればなるほど，共通のプラットフォームの提供主体企業を軸にして，大企業から中小企業の業界連携や機能毎のバリューチェーンの連携が進みます。その際には新興ベンチャーなども加わり，さらに産業間連携に至る産業のバリューチェーンの最適化が進みます。

　大企業による下請けの多重構造から，DXにより大企業と中小企業，新興ベンチャーはそれぞれのVALUE UP（価値向上）を目指し，相互にデジタルチェーン最適化が進んでいくことにより，わが国全体のバリューチェーンの最適化を通して，労働生産性向上や経営効果が波及していくことが期待されています。

AI・IoT利活用の課題（総務省）

概要

　DXやSociety 5.0，Connected Industriesを実現する際に課題になるのが，わが国のAI・IoTを代表とする最先端デジタルツールの利活用が相当遅れている点です。

　DXやSociety 5.0，Connected Industriesを実現するためには，ITを基盤としながらも，加えてAI・IoTの最先端のデジタル化による業務改善と経営改革が，重要成功要因（KSF：キーサクセスファクター）となります。

　AI・IoTの最先端のデジタル化の課題について，わが国と欧米諸国の「AI・IoTに関する利活用の課題」に関するアンケート（企業向け国際アンケート調査結果：総務省）にて比較すると，わが国は欧米諸国の企業と比較して「通信回線の品質や速度」や「外部との接続性」などといったインフラに関する課題をあげる割合は低くなっています。

●AI・IoT利活用の課題（総務省）

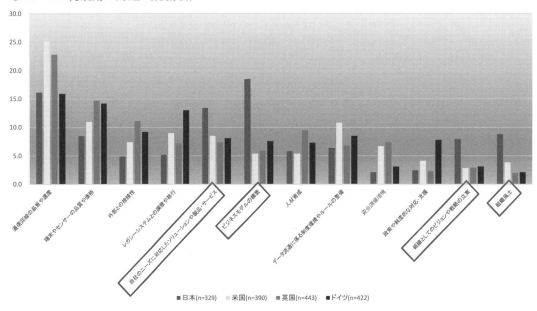

出所：総務省

ポイント

　AI・IoTの最先端のデジタル化の課題について，わが国では欧米諸国の企業と比較して「通信回線の品質や速度」や「外部との接続性」などといったインフラに関する課題をあげる割合は低くなっています。

　一方，「自社のニーズに対応したソリューションや製品・サービス」「ビジネスモデルの構築」などの経営改革に関する課題，また「組織としてのビジョンや戦略の立案」「組織風土」といった組織改革に関する課題をあげている企業の割合が高い点が傾向としてみられました。

　特に，わが国ではAI・IoTの利活用がもたらす効果や，その効果を最大化するためのDXに関する方策を具体的に描けていないことが，AI・IoT利活用の課題となっています。

AI導入の課題（総務省）

概要

　AI導入の課題としては，「AIの分析結果を担保できない」「有用な結果が得られるか不明」といった点は米国，英国，ドイツなどと同様の割合である一方，わが国では「AIの導入を先導する組織・人材の不足」を課題としてあげている企業の割合が高くなっています。この点については，AIの普及が未だ黎明期であることが要因といえるでしょう。

　加えて，わが国においては「データ収集・整理が不十分」との回答が諸外国と比較して高くなっています。

●AI導入の課題（総務省）

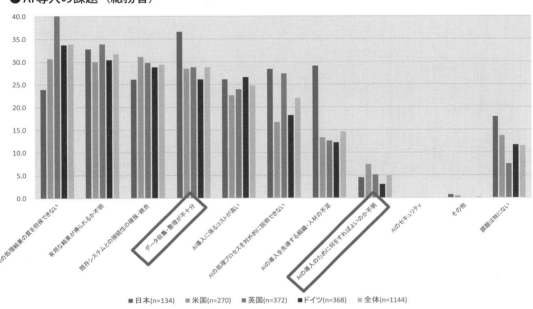

出所：総務省

ポイント

　わが国では，「AIの導入を先導する組織・人材の不足」に関して，課題としている企業が多い点が特徴となっています。

　この理由としては，IT人材の不足があげられますが，それに加えて，わが国では米国に比べて，IT人材の従事先が違うことが指摘できます。

　わが国では，IT従事者はITベンダーに属しているのが一般的で，72％となります。企業側に勤務するIT従事者は28％程度です。それに比べ，米国ではITベンダー側が35％程度で，企業側が65％程度です（情報処理推進機構「IT人材白書2017」のデータより）。その結果，わが国ではシステムを内製化できるIT従事者はもちろん，AI・IoTを中心とする最先端のデジタルツールとなると，その差はさらに開き，ますますAIの導入を先導する組織・人材不足が顕在化しています。

　また，AIを有効に利活用するには必要なデータを収集し，整理する必要がありますが，IoTの利活用についても，国際的にみても相当の遅れが出てしまっています。

IoT導入の課題（総務省）

概要

　わが国の企業がIoTの導入に際して課題と感じている点についてみてみると，全体的にセキュリティに関する課題の割合が高くなっています。

　この点については，わが国全体でみると，AIと同様でIoT普及に関しても未だ黎明期であることが背景としてわかります。加えて，わが国においてはこちらもAIと同様に「IoTの導入を先導する組織・人材の不足」との回答が，他の国と比較して高くなっているという特徴があります。

●IoT導入の課題（総務省）

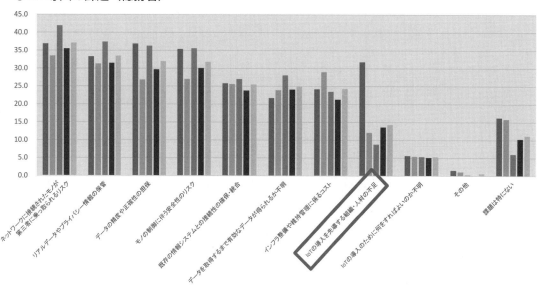

出所：総務省

ポイント

　IoT導入の課題としては「ネットワークに接続されたモノが第三者に乗っ取られるリスク」「リアルデータやプライバシー情報の保管」といったセキュリティに関する課題については米国，英国，ドイツと同様である一方，AIの場合と同様，「IoTの導入を先導する組織・人材の不足」を課題としている企業の割合が高い点が特徴となっています。理由はAIと同様です。

　また，AIとIoTが分離した形で導入・運用されていることが，わが国で最先端のデジタルツールの利活用による業務改善や経営改革につながらない理由のひとつでもあります。

第２節　DX Process 全体像

古典的なIT導入手法と最先端のDX実現手法の違い

概要

　古典的なIT導入手法のひとつに，IT経営推進プロセスがあります。メリットとしては，経営の視点でIT導入と導入後のIT利活用により業務改革を行うことができますが，反面，デメリットとしては，IT投資額が比較的多額になるために，経営戦略からIT戦略策定を行い，ITの投資対効果を検討し，事務業務を中心としたIT化から利活用を進める必要がありました。基本はIT化が中心で，事務効率化が目的となりやすく，経営効果があらわれるまで最低でも経営戦略策定から3年から5年かかる場合もあります。このように，IT投資コストとスピード面では環境変化の激しい時代に適応できないといった課題もあります。

●古典的なIT導入手法と最先端のDX実現手法の違い

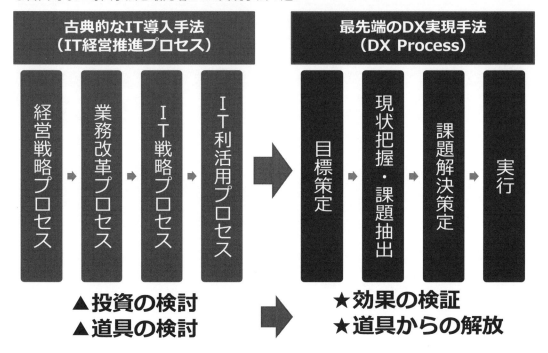

ポイント

　最先端のDX実現手法のひとつが，本書『DXプロセスガイドライン』で解説するDX Processです。経営の視点と業務の視点の両方で，目標策定から現状把握・課題抽出を行い，課題解決策を検討し，AI・IoTを代表とする最先端のデジタルツールにより業務改善や経営改革を即，実行するもので，従来のIT化とは比較にならないほどスピーディな対応が可能です。メリットとしては，IT化と比べ比較的少額で済むケースも多く，アジャイル型でPoC（概念実証）を行いながら拡張対応が可能です。
　また，投資対効果の面でも1年以内で効果が出始めることが多く，環境変化の激しい時代でも，アジャイル型で試行錯誤しながらAI・IoTを代表とする最先端のデジタルツールを拡張することができます。それにより時代にマッチした真のDXにより業務改善と経営改革を進めることが可能です。

DX Process リファレンス

　本書では，DXを実現する際にDX Processをリファレンスとして，「Ⅰ．経営目標設定，Ⅱ．現状把握・課題抽出，Ⅲ．課題解決策策定，Ⅳ．実行」を行い，AI・IoTを代表とする最先端のデジタルツールの利活用により，DXやSociety 5.0，Connected Industriesの実現を図ります。

●DX Process リファレンス

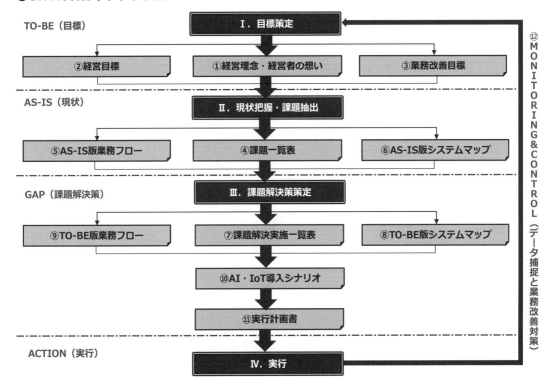

ポイント

　DX Processでは，経営者の想いであるTo-Be（目標）を決定後，As-Is（現状）で業務フローとシステムマップにより現場での業務課題をすべて可視化します。その後，To-Be（目標）とAs-Is（現状）のギャップ（GAP）について，AI・IoTを中心とする最先端のデジタルツールを利活用することで課題解決策を検討し，To-Beの業務フローとシステムマップ，そしてバランススコアカード（BSC）やビジネスモデルキャンバス（BMC）などを利活用して，AI・IoT導入シナリオを描きます。

　その際に，KGI（Key Goal Indicator：重要目標達成指標），KPI（Key Performance Indicators：重要業績評価指標）とアクションプランを描き，実行計画書に落とし込みます。そして最後に，DX実現に向けた実行のスパイラルアップを行っていきます。

　このことでデータドリブン経営を実現することができ，企業のパーパス（存在意義）を頂点としたDXを成功に導くことが可能となります。

第四次産業革命時代のDXの実現手法

　DXの実現においては，DXやSociety 5.0、Connected Industriesの概念のとおり，第三次産業革命時代のITのみならず，第四次産業革命時代のAI・IoTを代表とする最先端のデジタルツールも活用する必要があります。これらのデジタルツールにはそれぞれの役割があります。たとえば，IoT（I領域）は収集すること，BIG DATA（B領域）は貯めること，AI（A領域）は分析すること，SECURITY（S領域）は守ること，最後のVALUE UP（V領域）では，企業のKGI（重要目標達成指標），KPI（重要業績評価指標）の実行により業務改革・経営改革を推進しDXを実現させることが目的となります。

●第四次産業革命時代のDXの実現手法

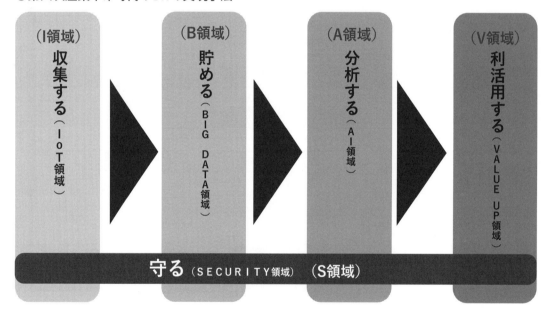

ポイント

　DX実現に向けて，まずIoT（I領域）の各種データを収集することからスタートします。また収集したデータは多岐にわたります。それらのデータを複数集めて統合化する場合は大量データとなりますので，これらをBIG DATA（B領域）として貯めることになります。

　しかし，単純に大量にデータを貯めるだけでは顧客価値創造とはなりません。そこで，データを分析するAI（A領域）が必要になります。また，貯めたデータは外部に流出しないようにSECURITY（S領域）で守ることが重要です。

　最後に，DXは業務改善と経営改革により経営者の想いと企業の価値を最大限向上させることが目的ですから，データを最大限利活用し，VALUE UP（V領域）を目指します。DXの実現にあたってはITのみの情報ではなく，このようなAI・IoTを代表とする最先端のデジタル化を加えて進めていくことが重要です。

DXスパイラルアップ概念図

概要

　AI・IoTを代表とする最先端のデジタルツールを導入するだけでは，付け焼き刃のデジタル化に終わってしまい，VALUE UP（V領域）による業務改善や経営改革が進みません。では，どのようにすればよいのでしょうか。まずは，最初のDXの計画段階からVALUE UP（V領域）させる点をしっかり目標として策定し，明確化することです。

　DXは，経営者のビジョン（経営者の想いや経営目標）実現が最も重要なKGIとなります。そして，経営者のビジョンを実現するためにKPIを明確にします。その目標が達成できるように現状把握・課題抽出を行った後，課題解決策を策定し，DXを実行します。

●DXスパイラルアップ概念図

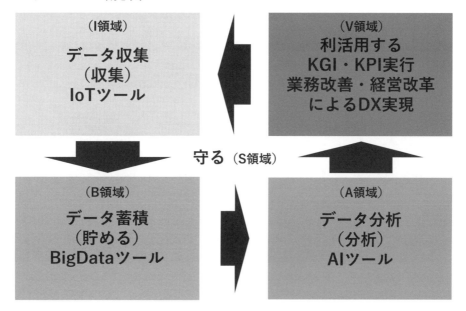

ポイント

　DX実現に向け，データ収集のIoT（I領域）→データ蓄積のBIG DATA（B領域）→データ分析のAI（A領域）→データを守るSECURITY（S領域）→データ利活用のVALUE UP（V領域）を継続的に回すことで，業務改善・経営改革によるDXを実現します。

　つまり，最終目標のVALUE UP（V領域）によって業務改善や経営改革を行いDXを実現することを目的にするならば，データ利活用のVALUE UP（V領域）→データ収集のIoT（I領域）→データ蓄積のBIG DATA（B領域）→データ分析のAI（A領域）→データを守るSECURITY（S領域）という順番になります。

　そして，このDXスパイラルアップは1周回せばよいということではなく，AI・IoTを代表とする最先端のデジタルツールを常に最新のツールに変更して，導入範囲や対応領域を徐々に広げて拡張していく必要があります。

DX氷山モデル概念図

　第三次産業革命までのDigitizationやDigitalizationによるITは，リアルな言語やドキュメント，システムのデータを利活用する世界でした。そこでは過去の事実（ファクト）の情報が最重要視されていましたが，それでは氷山の表層部分，すなわち見えている経営課題にしか対応できません。

　また，わが国の大企業では，規模の経済や範囲の経済が重視されてきました。そして，その強みを発揮できる大規模企業ほど，経営資源が豊富なために相対的なコストを削減でき，専門的なスキルやノウハウを強みとして他社との差別化を生み出してきました。

●DX氷山モデル概念図

見えている世界（氷山の表層の世界：過去）
事実＝ファクトの情報をリアルな言語やドキュメント、システムのデータを利活用して活動する世界でした。
そのため、第三次産業革命までは規模・範囲の経済が最重要でした。

見えていない世界（氷山の水面下の世界：未来）
仮説＝見えてなかった情報（IoT等）を利活用して活動する世界です。
第四次産業革命は如何にお客様が気付かないニーズやウォンツに対して迅速に対応できるか？が最重要です。
顧客体験させるためデザイン思考でUXの実現が重要になってきました。また、IoTで見えてなかった情報をデータ化し見えるようにした後に複雑な大量のデータ（BIGDATA）の因果関係を分析する際にAIの力が必要になってきます。

ポイント

　これからの第四次産業革命の時代は，モノではなくコトビジネスが利益の中心となります。GAFAMのように，DXにより社外の社会変化に迅速に対応し，消費者が本当に求める潜在的なニーズやウォンツを的確に把握し，顧客価値創造による消費者向けサービスを提供することが比較的容易になってきました。

　そのためには，AIでBIG DATAの因果関係を適切に分析し，迅速に業務改善で対応することが重要となります。たとえば，小規模店舗でも，IoTによるカメラとAIによる分析でBIG DATA化し，性別，年齢層，店内導線，リピート率などが見えてきた結果，UX（顧客体験）として，店内商品ラインナップを変更したところ売上向上につながったという事例があります。このように，規模や範囲の経済の働かない中小企業や零細事業者でも大企業との差別化を享受できるのが第四次産業革命のポイントです。

DX実現のための見える化の概要図

概要

　企業には経営者，管理者，従業員毎にヒエラルキー（段階的組織構造）があり，それぞれの課業（業務内容）毎に見たい情報も異なります。また，営業部門，製造部門，購買部門などの機能別組織が存在します。つまり，ヒエラルキー×課業×機能組織毎に，それぞれ見たい情報が違うということです。

　そこで，DX実行の際に，AI・IoTを代表とする最先端のデジタルツールを導入して，見たい情報の見える化を進めることができれば，ヒエラルキー毎に意思決定が迅速になり，その結果，業務改善が進むことで経営者側の考える経営改革へとつながり，DXの実現が個別最適化ではなく，全体最適化へ進んでいくことになります。

●DX実現のための見える化の概要図

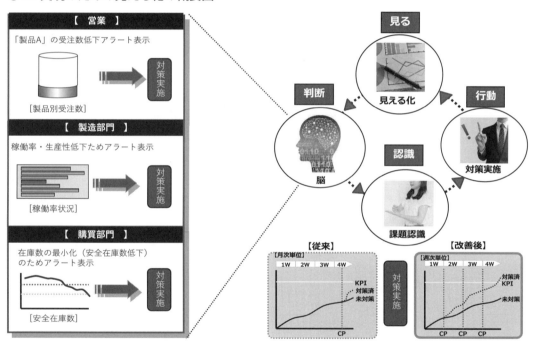

ポイント

　AI・IoTを代表とする最先端のデジタルツールを活用した業務改善と経営改革は，従業員全員参加による組織横断的な全体最適化による対策が最も重要です。

　そのためには，前述のDX氷山モデルのとおり，潜在化して見ることができなかった情報も含め，最先端のデジタルツールを駆使して見える化した情報を見て，脳が判断し，課題を認識し，対策を実施していきます。時に，見える化を進める際に難色を示す人がいますが，DXの実現では，いかに見えていない現場の業務課題や従業員の頭の中にある勘と経験を見える化し，それを全従業員の英知を駆使して業務改善や経営改革を進められるかがカギです。見える化を行わずにDXを進めることは，地図も見ずに誰もゴールを知らない道をひたすら全従業員がバラバラに走り回ることと同じなのです。

鳥の目・魚の目・虫の目・蝙蝠の目

概要

　本書のDX Processを利活用してDXを実現する際には，「鳥の目」で企業全体を俯瞰して，何が重要か，何を優先すべきかを経営改革する視点で捉えます。

　「魚の目」では，経営資源の流れ＝トレンドを観察して業務改善する視点で捉えます。

　「虫の目」では，経営資源（ヒト・モノ・カネ・情報）を直接見て徹底的に細部までこだわって仕事を業務改善する視点で捉えます。

　「蝙蝠の目」では，物事を逆の立場で見る，逆の視点から見る，さらに発想を変えて経営改革する視点で捉えます。

●鳥の目・魚の目・虫の目・蝙蝠の目

鳥の目の視点
（会社全体を俯瞰して経営改革する視点）

魚（うお）の目の視点
（経営資源の流れを観察して業務改善する視点）

虫の目の視点
（経営資源を直接見て業務改善する視点）

蝙蝠（こうもり）の目の視点
（反対から物事を見て経営改革する視点）

ポイント

　DX Processをリファレンスとして利活用してTo-Be（目標）を定め，次にAs-Is（現状）調査をし，To-Be（目標）とAs-Is（現状）の間のギャップから課題解決策を策定します。そして，鳥の目・魚の目・虫の目・蝙蝠の目でDXを実行し，顧客価値創造を目指すために，業務改善や経営改革とともにTo-Be（目標）を達成していきます。

第四次産業革命時代のゲームチェンジャー出現の留意点

概要

　DXに取り組まなければならない理由として，デジタル化の急速な進化により第三次産業革命時代と現在は大きく様変わりしました。たとえば，過去の10年や20年の技術の進化は現在の第四次産業革命時代では1年か2年か長くとも5年程度の時間で実現できるようになりました。そして，今まで長期間市場を席捲していた大企業の市場は新たなゲームチェンジャーに取って代わるような時代です。たとえば，自動車（モビリティー）の市場はその最たるものです。日本の自動車メーカーの大企業はトヨタ自動車を頂点に，本田技研工業，日産自動車などですが，この自動車産業の市場では今，多くのゲームチェンジャーが狙っています。

●第四次産業革命時代のゲームチェンジャー出現の留意点

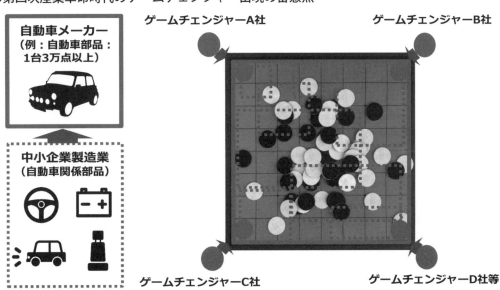

ポイント

　日本の自動車メーカーには大変多くのサプライヤー（部品供給先）が存在します。エンジン自動車の場合，凡そ，部品点数は3万点以上と言われています。そのサプライヤーの裾野はわが国の中小企業です。しかし，今後，ゲームチェンジャーのEVに変われば，大半の中小企業への取引は消えてしまいます。ゲームチェンジャーは永年のサプライヤーとの取引はありませんので全世界から最もコストと品質と納期が適正な企業から部品を調達できます。このことで顧客価値創造により顧客が最も欲しいEV車の生産が低コストで可能となります。これは，まるで，オセロゲームで既存のプレーヤーが一生懸命にマーケットでの競争している最中にこっそりと一番，重要な角の4つのエリアの市場を確保するようです。オセロゲームは角の4つが生命線です。ここを取られるとほぼ一気に市場を塗り替えられてしまいます。このような，第四次産業革命の時代はゲームチェンジャーがDXにより産業間のバリューチェーンを最適化し，データドリブン経営で市場を席捲しようとしています。これは自動車産業だけでなくどの産業でも起こりうることで，わが国のほとんどの企業でDXを実現して，企業は競争力をより強化して防御していかなければなりません。

企業規模の留意点

　DXを実現する際，大企業と中小企業では大きく志向が異なります。料理にたとえると，大企業のDX志向は「フルコース型志向」となります。特徴として，DXによるデジタル投資額は高額化しやすく，さらに高度で大規模となりやすく，さまざまな調整や技術的な開発も含めて長期化することも多く，数年でようやく本番稼働となることも多いようです。

　また，目標として定量的な成果を求められるため，明確なKPIで成功を判断していきます。技術的にはデータ連携箇所が多く，ブラックボックス化した業務を調整するため，複雑になります。パートナーとしては原則，大手メーカーや大手ベンダーが対応します。外注費用を含めると数千万〜数億円程度，場合によっては数十億円以上の規模となるケースもあります。まさにフルコースを頼んでいるような感覚といえます。

●企業規模の留意点

大企業のDX志向（フルコース型志向）	中小企業のDX志向（単品型志向）

・ コスト：投資が高額化（予算が大規模） ・ 納期：数年で稼働が基本（プロジェクト型） ・ 目標：定量的（KPI等で成功を判断） ・ 難易度：高い ・ パートナー：大手メーカー・大手ベンダー系	・ コスト：投資は低価格化（予算が小規模） ・ 納期：数か月で稼働が基本（タスク型） ・ 目標：定性的（感覚で成功を判断） ・ 難易度：低い ・ パートナー：小〜中規模ベンダー系

　中小企業のDX志向は「単品型志向」となります。特徴として，DXによるデジタル投資額は少額で，開発納期は数か月で稼働というのが基本です。また，定性的な感覚で成否を判断していきます。まずはやってみようという志向が強く，難易度的にも当初はデータ連携箇所が少なく，ホワイトボックス化した業務を調整するため，成否がわかりやすいという傾向があります。パートナーは原則，小規模〜中規模程度のベンダー系が中心です。外注費を含めても数万〜数百万円程度，場合により数千万円規模というのが一般的です。まるで単品料理を次々と必要に応じて頼んでいるような感覚です。

　このように，DXといってもフルコース型の大企業と単品型の中小企業の志向は全く違います。大企業が中小企業の志向にはなりませんし，また反対も然りです。ただし，大企業であれ中小企業であれ，DXを推進する際にはこのような特徴を踏まえた企業規模毎の対応を検討しなければなりません。

デジタルツール導入の際の留意点

概要

　AI・IoTを代表とする最先端のデジタルツールは世の中に多数あります。その中でIoTの概念は広範囲でデータを集めるためのセンサー系，情報をクラウド環境で通信するための通信網系，通信環境のセキュリティ系，クラウドで集めた情報の分類などを行うデータクラウド系，収集したBIG DATAを可視化するAIやBI（ビジネス・インテリジェンス）などの可視化系などがあります。

　このように，AIやIoT単体のツールだけでは完結できませんし，とにかくデジタルツールを導入すればDXが実現できるということは決してありません。

●デジタルツール導入の際の留意点

ポイント

　AI・IoTを代表とする最先端のデジタルツールを導入をする前に，経営の視点と業務の視点の両面から目標を策定して現状把握・課題抽出を行い，課題解決策を決定してから最先端のデジタルツールを導入して，業務改善や経営改革を実行します。

　そして「自社のニーズに対応したソリューションや製品・サービス」「ビジネスモデルの構築」「組織としてのビジョンや戦略の立案」「組織風土」面で，経営課題解決を目標としたDXの実現を目指します。

　決して最先端のデジタルツール導入が目的ではないことを忘れてはなりません。

　計画性のないまま，流行や機能だけを見て，適当にデジタルツールを導入することは避けなければなりません。

PoCサイクルの留意点

概要

　PoC（Proof of Concept：概念実証）とは，「仮説」「試作」「検証」を繰り返し，「概念実証」を行うことです。試作開発においては「仮説」を立てた後に，「試作」や「検証」を繰り返します。

　PoCは，AI・IoTを代表とする最先端のデジタルツールにおいては，企業のVALUE UP（V領域）による業務改善や経営改革を行い，顧客価値創造のためのソリューションの選定・設定などの仕様を実証する際に重要なプロセスとなります。

　最先端のデジタルツールは全体の仕様決定が難しいため，このPoCを繰り返しながら，業務フローにおける導入範囲や対応領域を徐々に拡張していくことに適しています。

●PoCサイクルの留意点

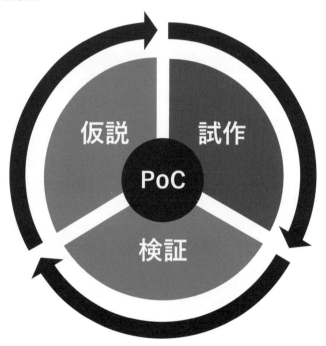

ポイント

　定量的あるいは定性的なKGI，KPIを決めずにPoCを繰り返しても，時間的，投資的コストが肥大化するだけで何も得るものがない状態となり，頓挫するケースが散見されます。

　そこでデジタルツールを導入する際の留意点と同様に，経営の視点と業務の視点の両面で目標の策定から現状把握・課題抽出を行い，課題解決策を決定して，業務改善や経営改革を実行します。

　出口がなければ延々とPoCを繰り返すことになり，プロセスの本質を忘れてしまいますので，スケジュールをしっかりと決めてPoCを行うことを忘れてはなりません。

PDCAサイクルの留意点

　PDCA（Plan-Do-Check-Action）では，Plan（計画）を決め，Do（実行）し，その後，情報を収集・分析することによりCheck（確認）し，最後に業務改善のAction（改善）を行うことで成果が表れてきます。しっかりとPDCAサイクルを意識して，AI・IoTを代表とする最先端のデジタルツールを導入することは，DXの実現においても必須の考え方です。

● PDCAサイクルの留意点

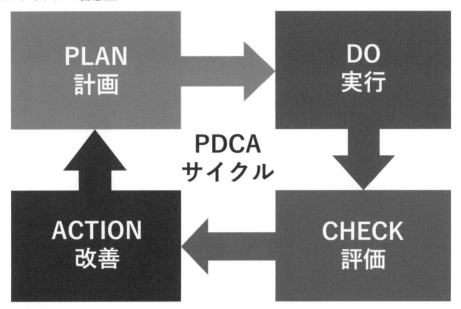

ポイント

　PDCAを意識せずに，ITベンダーの提案を真に受けてAI・IoTを代表とする最先端のデジタルツールを導入しても，うまくいくはずがありません。

　AI・IoTツールは最先端の技術で作られていても，所詮はITと同様のデジタル化の道具でしかありません。本来は，見えなかった人の勘や経験，そして，現場でのさまざまなアナログ情報を収集し，デジタル化し見える化することで業務改善や経営改革を行うものです。

　デジタルツールの投資額は，IT化投資に比べ比較的少額で済むケースが多いといえます。また，1年程度で効果が出始め，環境変化の激しい時代にはアジャイル型でPoCにより試行錯誤しながらデジタルツールを拡張することができます。

　本書のDX Processを利活用し，Planを完成させたらDCA（Do-Check-Action）を繰り返し，先のDXスパイラルアップを行うことをお薦めします。

　Planにこだわりすぎて，Planを策定することが目的になってしまったり，Planに時間をかけすぎたりしないようにしなくてはなりません。

第3節　IoT・BIG DATA・AIの基本

IoTの概念図

　IoT（Internet of Things）は「モノのインターネット化」の意味で，さまざまな「モノ（物）」がインターネットに接続され（単につながるだけではなく，モノがインターネットのようにつながる，情報交換することにより相互に制御する仕組み），それによるデジタル社会（クロステック）を表す用語となります。

　DXやSociety 5.0，Connected IndustriesにおけるIoTでは，すべての人とモノがつながり，さまざまな知識と情報が共有されることで業務改善と経営改革を行い，顧客価値創造を目指しています。

●IoTの概念図

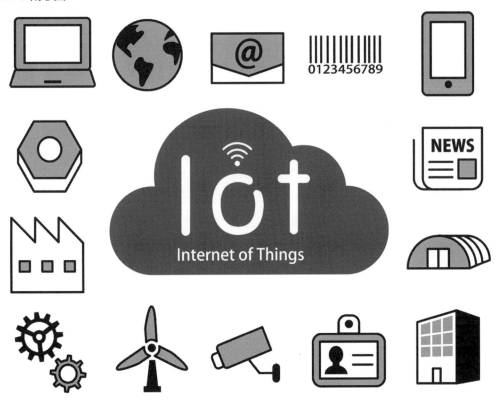

ポイント

　IoTとはさまざまなモノ（物）がインターネットに接続される仕組みづくりのことです。IoTはパソコン上のデータのみならず，たとえば，天候データ，メールやバーコード，スマホ，ニュース，倉庫，販売店舗，個人ID，カメラ，エネルギー，工作機器，工場，部品に至るまで，今までデータ化されていなかった情報を収集することが可能となります。IoTでは，IoTで集めた情報をBIG DATA化し，それをAIで分析するなどして，今まで見えなかったことを発見し，新たな業務改善につなげることも期待されています。

IoTの得意分野

　IoTは，たとえば工作機械の稼働状況の確認や，故障を予知するための基礎データ取得に活用することなどが得意分野です。

　下の写真では，右上の信号灯の光センサーや左下の振動センサーで現場のさまざまな情報を収集し，業務改善に利活用しています。このように，IoTは光，振動，温度，加速度などの情報をIoTセンサーがセンシング技術によりアナログデータをデジタルデータに変換させることで，非常に簡単に活用できるようになりました。

●IoTの得意分野

ポイント

　各種センサーなどからの大量のデータをBIG DATAとして貯めて分析するときにAIなどを利活用します。

　IoTは，データを収集するために，データを取り出す，データをつなぐの2つの機能が必要となります。この2つを基本としてIoTを構築していきます。比較的安価，かつ短期間で対応できる最先端のIoTツールがITベンダーから販売されています。

　上の写真の例では，機械の稼働状況のチェック用に3色灯光センサーと振動センサーの2つのIoTが設置されています。

　このような場合，たとえば，光センサー側は稼働していても，製造ラインの製品が流れていないなどの複数のIoTデータの組み合わせの因果関係を分析することで，現場の問題や課題を早期に発見し，業務改善につなげることが可能となります。

IoTツール例①：マルチ・データボックス

概要

　シュナイダーエレクトリックホールディングス社（https://www.proface.com/ja）の「MDB」は，操作・表示を必要としない装置のネットワーク化を容易に実現します。新規設備はもちろん，既存設備への後付けに適しており，シリアルやEthernet経由の情報，さらにはI/O情報をMDBを介して取得。装置まるごとネットワーク化が可能です。

　取得したBIG DATAをMDBで処理し，MDB間での連係も可能とした，IoT時代におけるエッジコンピューティング端末として最適な製品です。

●IoTツール例①：マルチ・データボックス

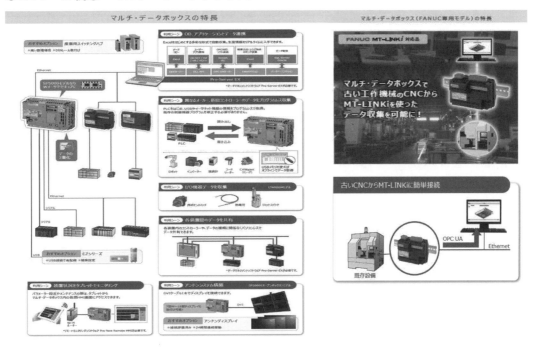

出所：https://www.proface.com/ja/product/commu_equip/multi_databox/top

ポイント

　MDBの特徴は以下のとおりです。

　①IoT（I領域），②BIG DATA（B領域），③AI（A領域），④SECURITY（S領域），⑤VALUE UP（V領域）のすべてをMDBで対応することができます。

　メリットとしては，古いCNCなどさまざまなメーカーのNC自動旋盤機やマシニングセンターから情報収集し，データを可視化することが可能です。

　デメリットとしては，さまざまな装置の情報を収集し可視化するにはコスト的に割高になる可能性があります。

IoTツール例②：iXacs

概要

i Smart Technologies社（https://istc.co.jp/）の「iXacs」は，クラウド環境の利活用により，生産数や停止時間など現場で必要な情報をリアルタイムに自動検出・見える化し，改善スピードを上げ，生産性を大幅に向上させ，設備投資を削減できる製造ライン遠隔モニタリングサービスです。

●IoTツール例②：iXacs

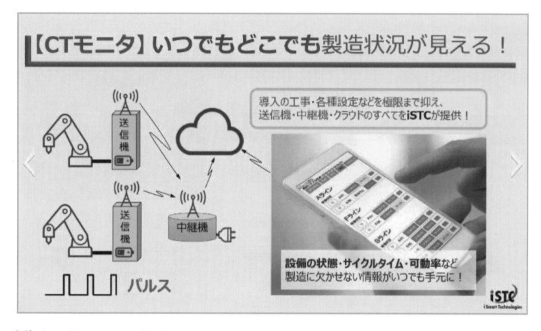

出所：https://www.istc.co.jp/products

ポイント

iXacsの特徴は以下のとおりです。

①IoT（I領域），②BIG DATA（B領域），③AI（A領域），④SECURITY（S領域），⑤VALUE UP（V領域）のすべてをiXacsで対応することができる製造ライン遠隔モニタリングサービスとなります。

メリットとしては，IoTとしてはオールインワンでスピーディーに情報を収集し分析することができます。

デメリットとしては，他のIoTやAI，その他情報連携をする際には，他のIoTやAIを導入する必要があります。

IoTツール例③：Raspberry Pi

　ラズベリーパイ財団（https://www.raspberrypi.org/）の「Raspberry Pi」はARMプロセッサを搭載したシングルボードコンピュータです。

　イギリスの同財団によって開発されており，日本語では略称として「ラズパイ」とも呼ばれています。教育で利活用されることを想定して制作されましたが，IoTが隆盛した2010年代後半以降は，安価に入手できるシングルボードコンピュータとして趣味や業務（試作品の開発等）にも用いられる製品です。

●IoTツール例③：Raspberry Pi

出所：https://www.raspberrypi.com

ポイント

　Raspberry Piの特徴は以下のとおりです。

　上述したようにIoTツールとして利活用する機会が増加してきており，温度，振動，カメラなどのセンサーとして利活用することも可能なため，安価でPoCを行いながら利活用することができます。

　メリットとしては，安価で試しながら進めていけるツールとして価値が高いでしょう。

　デメリットとしては，利活用するには設定作業などが必要で，学習することばかりに専念すると時間がかかってしまい，途中で頓挫してしまう可能性があります。

BIG DATAの概念図

概要

　「BIG DATA」は，一般的なデータ管理・処理ソフトウェアで扱うことが困難なほど巨大で複雑なデータの集合を表す用語となります。

　BIG DATAの課題は，情報の収集，取捨選択，保管，検索，共有，転送，解析，可視化等多岐にわたります。これらの課題を克服し，BIG DATAの傾向をつかみ，ビジネスに使える情報を見える化することで，全従業員が意思決定の際に利活用することが可能となります。

　DXやSociety 5.0，Connected IndustriesにおけるBIG DATAでは，データがつながり有効活用されることにより，技術革新，労働生産性向上，技術伝承が図られ，業務改善と経営改革による顧客価値の創造を目指しています。

●BIG DATAの概念図

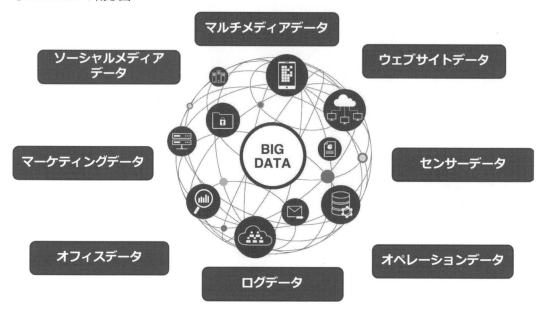

出所：情報通信審議会ICT基本戦略ボード「ビッグデータの活用に関するアドホックグループ」資料を筆者修正

ポイント

　BIG DATAとは，一般的なパソコンなどでは処理できないほどの多くのデータを集め，それを有効に活用するデジタル技術です。

　そのためには，1つのデータではなく，さまざまな種類のデータを収集し，因果関係を分析してデータを有効に活用することが必要です。

　たとえば，IoTなどのセンサーデータのみならず，オペレーションデータ，ログデータ，オフィスデータ，マーケティングデータ，ソーシャルメディアデータ，マルチメディアデータ，ウェブサイトデータなど多数のデータを組み合わせてBIG DATA化し，それをAIで分析することで今まで気づかなかった現場の問題や課題を早期に発見し，業務改善につなげることが可能となります。

BIG DATAの得意分野

概要

　BIG DATAの得意分野は，わかりやすい喩えでいうと，「風が吹けば桶屋が儲かる」という江戸時代の諺（ことわざ）のように，ある事象の発生により，一見すると全く関係がないと思われる事象を発見することです。

　全く関係ないと思われる事象を発見するには，BIG DATAでは1つのデータではなく，さまざまなデータを収集し，その因果関係を分析することが重要です。

● BIG DATAの得意分野

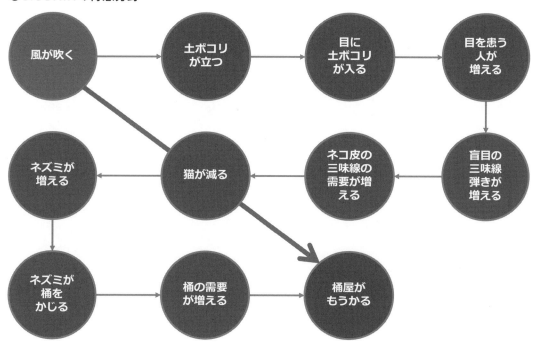

☞ポイント

　因果関係では，マーケティングの古典となっている，米国の大手小売業ウォルマートの「ビールと紙オムツ」の関係性の事象が有名です。ビールと紙オムツが一緒に売れていることが大量のレジデータから判明しました。つまり，この2つの商品には何の関係性もないと考えられますが，実は大量の過去のレジデータから因果関係を発見することができました。

　現在のDXの時代では，これに加えて，AIによりさらに大量のBIG DATAを分析することができ，DX氷山モデルで説明したように，水面下の見えていない世界の未来を見つけ出すこともできるようになってきました。

　これは，BIG DATAをAIが分析できるようになったことだけでなく，ITだけでは判断できないさまざまなデータを，IoTで収集できるようになった結果です。「データを制するものがビジネスを制す」ということです。データにもとづいた経営は，現場の問題や課題を早期に発見し，業務改善につなげることを可能とします。これらをデータドリブン経営といいます。

BIG DATA ツール例①：Amazon Web Service

概要

Amazon社（https://www.amazon.com/）の「Amazon Web Services」（以下，AWS）はBIG DATAを貯めることができるクラウドコンピューティングサービスです。

Web Serviceと名称が付けられていますが，プラットフォームとしてウェブサービスに限らない多種多様なインフラストラクチャーサービスを提供しており，利用者はこのAWSのサービスを適宜，組み合わせることで，ITインフラを構築できるようになっています。また，AWSのサービスは全世界で22の地理的リージョンで提供されているサービスです。

●BIG DATA ツール例①：Amazon Web Service

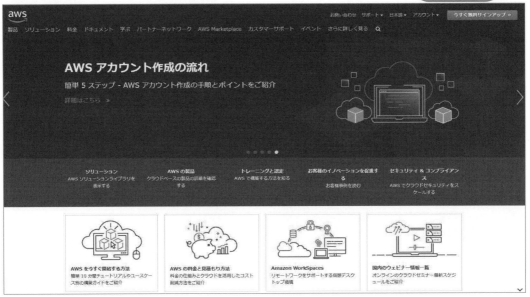

出所：https://aws.amazon.com/jp

ポイント

AWSの特徴は以下のとおりです。

①IoT（I領域），②BIG DATA（B領域），③AI（A領域），④SECURITY（S領域），⑤VALUE UP（V領域）のすべてに対応することができるクラウドコンピューティングサービスのプラットフォームです。

メリットとしては，各種インフラストラクチャーサービスを利用者側で選択して柔軟に利活用することができます。AI・IoT・BIG DATAなどの利活用も，同一のプラットフォームで利活用できます。

デメリットとしては，AWSを利活用するための技術習得が必要となります。そのための時間や，外部ITベンダーの協力が必要となるケースも多くあります。

BIG DATA ツール例②：Microsoft Azure

概要

Microsoft社（https://www.microsoft.com/）の「Microsoft Azure」（以下，Azure）は，BIG DATAを貯めることができるクラウドコンピューティングサービスです。

どこでもアプリケーションを構築，管理，デプロイ（利用）できる自由と柔軟性によって，お好みの言語，フレームワーク，インフラストラクチャーだけでなく，独自のデータセンターや他のクラウドを使用して，大小さまざまな課題を解決できます。

Azureにより，優れたソリューションを構築するために必要なすべてが揃うサービスとなります。

● BIG DATA ツール例②：Microsoft Azure

出所：https://azure.microsoft.com/ja-jp/overview/

ポイント

Azureの特徴は以下のとおりです。

①IoT（I領域），②BIG DATA（B領域），③AI（A領域），④SECURITY（S領域），⑤VALUE UP（V領域）のすべてに対応することができるクラウドコンピューティングサービスのプラットフォームです。

メリットとしては，各種インフラストラクチャーサービスを利用者側で選択して柔軟に利活用することができます。AI・IoT・BIG DATAなどの利活用も，同一のプラットフォームで利活用できます。

デメリットとしては，Azureを利活用するための技術習得が必要となります。そのための時間や，外部ITベンダーの協力が必要となるケースも多くあります。

BIG DATA ツール例③：Google Cloud

概要

Google 社（https://www.google.com/）の「Google Cloud」は BIG DATA を貯めることができるクラウドコンピューティングサービスです。

さまざまな管理ツールに加えて，一連のモジュール化されたクラウドサービスが提供されており，コンピューティング，データストレージ，データ分析，機械学習などのサービスが提供されています。

● BIG DATA ツール例③：Google Cloud

出所：https://cloud.google.com/?hl=ja

ポイント

Google Cloud の特徴は以下のとおりです。

①IoT（I領域），②BIG DATA（B領域），③AI（A領域），④SECURITY（S領域），⑤VALUE UP（V領域）のすべてに対応することができるクラウドコンピューティングサービスのプラットフォームです。

メリットとしては，各種インフラストラクチャーサービスを利用者側で選択して柔軟に利活用することができます。AI・IoT・BIG DATA などの利活用も，同一のプラットフォームで利活用できます。

デメリットとしては，Google Cloud を利活用するための技術習得が必要となります。そのための時間や，外部IT ベンダーの協力が必要となるケースも多くあります。

AIの概念図

AI（Artificial Intelligence）は「人工知能」の意味で，計算（Computation）という概念とコンピュータ（Computer）という道具を用いて知能を研究する計算機科学（Computer Science）を表す用語です。

言語の理解や推論，問題解決などの知的行動を人間に代わってコンピュータに行わせる技術，または計算機（コンピュータ）による知的な情報処理システムの設計や実現に関する研究分野ともされています。

DXやSociety 5.0，Connected IndustriesにおけるAIでは，情報分析の面倒な作業から解放されることで，業務改善と経営改革により顧客価値創造を目指しています。

●AIの概念図

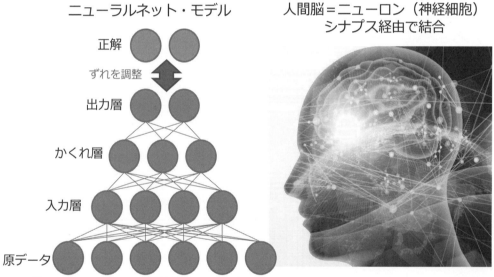

ニューラルネット・モデル　　　　　人間脳＝ニューロン（神経細胞）
シナプス経由で結合

正解

ずれを調整

出力層

かくれ層

入力層

原データ

学習したいデータの特徴、量を入力する　　ニューラルネットワーク（神経細胞網）

ポイント

AIは，人間の脳の構造であるニューラルネット・モデルが原理となります。

AIにおけるニューラルネット・モデルは，人間の脳の構造であるニューラルネットワーク（神経細胞網）と比較するとわかりやすいといわれています。

人間の脳はニューロン（神経細胞）をシナプス経由で結合することで機能しています。AIは，学習したい大量のデータ（BIG DATA）の特徴や情報の原データが入力層，かくれ層，出力層を経て，ずれを最終調整し正解を導きます。これをニューラルネット・モデルといい，AIの世界ではディープラーニング（深層学習）といいます。

AIの得意分野

　AIは，人間に代わっての自動運転やロボットとしての作業，自動搬送の物流倉庫など，AIが肩代わりして作業することが得意分野となります。自動運転やロボットにはAIが欠かせません。また，IoTなどのカメラ画像から診断することなどが得意であり，たとえば，製造業の品質検査工程などにおいてAIが画像で診断し，傷や曲がりや色などを見て不良品を見つけ出すことなどに使われています。

●AIの得意分野

年	技術発展	向上する技術	社会への影響
2014	画像認識	認識制度の向上	・広告 ・画像からの診断
2015	マルチモーダルな抽象化	感情理解 行動予測 環境認識	・BIG DATA ・防犯・監視
	行動とプランニング	自立的な行動計画	・自動運転 ・物流（ラストワンマイル） ・ロボット
	行動に基づく抽象化	環境認識能力の大幅向上	・社会への進出 ・家事・介護 ・感情労働の代替
	言葉との紐づけ	言語理解	・翻訳 ・海外向けEC
2020	更なる知識習得	大規模知識理解	・教育 ・秘書 ・ホワイトカラー支援

出所：総務省「平成28年版情報通信白書」

　AIの得意分野は，第3次ブームの2014年から2020年までに大きな変化がありました。2014年〜2015年は画像からの診断，2015年〜2020年はBIG DATA，自動運転，物流（ラストワンマイル），ロボット，そして2020年からはホワイトカラー支援（RPA等の導入）が普及し始めて，ITに関する事務業務処理に大きな影響を与えています。AIの大きな特徴（得意分野）は，画像認識，言語理解などです。

　今後のAIの発展としては，これまでの活動分野に加えてIoTやBIG DATAなどのデータ収集や相互連携により，分析結果の正確性が向上し，ビジネスでの利活用シーンがいっそう増加することが期待されます。

　今まで人間では到底分析できなかったことがAIでは分析できるようになり，現場の問題や課題を早期に発見し，業務改善につなげることが可能となります。AIによりデータドリブン経営がさらに高度化と予想精度の向上の威力を発揮していくことが期待されます。

AIツール例①：Watson

概要

　IBM社（https://www.ibm.com/jp-ja）の「Watson」は，お客様のビジネスに活用いただくためのAIです。日々の業務から生まれるデータをナレッジに変え，業務フローに組み込んで活用することで，プロセスの効率化や高付加価値化を実現できます。

　たとえば，人間には読みきれないような大量のBIG DATAの中からすばやく知見や洞察を見出したり，顧客に対してさまざまな場面で一貫した質の高い応対をすることを可能にします。また，情報と知見にもとづく意思決定を支援したり，ビジネスのさまざまな業務や場面でサポートするサービスです。

●AIツール例①：Watson

出所：https://www.ibm.com/watson/jp-ja/

ポイント

　Watsonの特徴は以下のとおりです。
　①IoT（I領域），②BIG DATA（B領域），③AI（A領域），④SECURITY（S領域），⑤VALUE UP（V領域）をWatsonで対応することができるコグニティブ・コンピューティング（cognitive computing）となります。

　メリットとしては，WatsonはBIG DATAをAIで分析したり意思決定を支援することが可能です。

　デメリットとしては，大手メーカーのツール（サービス）のため，コスト的に割高になる可能性があります。また，利活用するための技術習得が必要となります。そのため，技術習得の時間や外部ITベンダーの協力が必要となるケースも多くあります。

AIツール例②：ナレコムAI

　ナレッジコミュニケーション社（https://www.knowledgecommunication.jp/）の「ナレコムAI」は，AI・機械学習といった高度な技術を簡単に利活用することができるクラウド型サービスです。

　高いスキルを持った専門家なしには利活用することが難しかった技術を，専門家不要で利活用でき，データ分析の敷居を下げるためデータサイエンティストが担う「機械学習のモデル構築・テスト・活用」をカバーするソリューションサービスです。

●AIツール例②：ナレコムAI

出所：https://narekomu-ai.com/

　ナレコムAIの特徴は以下のとおりです。

　①IoT（I領域），②BIG DATA（B領域），③AI（A領域），④SECURITY（S領域），⑤VALUE UP（V領域）に対応することがきるAIです。

　メリットとしては，ナレコムAIはBIG DATAをAIで分析したり意思決定を支援することが可能です。また，高いスキルを持つ専門家なしで導入できるため，コスト的には割安です。

　デメリットとしては，専門家が不要とはいえ，やはりそれなりの知識がなければ使いこなせないなど，本格的に対応するには専任対応する必要があります。

AIツール例③：Matrix Flow

概要

Matrix Flow社（https://www.matrixflow.net/）の「Matrix Flow」は，さまざまな予測／分類テンプレートや，独自技術AutoFlowが用意されているため，初心者でもマウス操作のみで簡単にAIモデルを構築できます。また，数値データ，テキストデータ，画像データのいずれも扱うことが可能です。社内に複数のデータ分析ツールを導入する必要はありませんAIだからといってブラックボックス化してしまうわけではありません。要因説明機能が提供されているため，説明性の高いAIを構築することが可能できるサービスです。

● AIツール例③：Matrix Flow

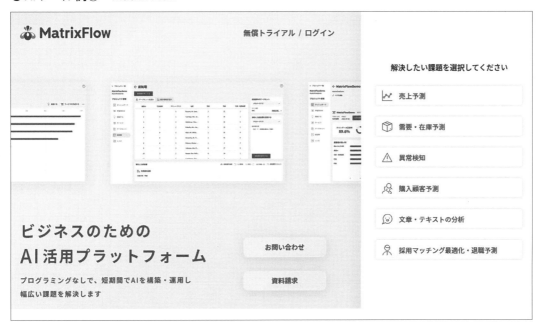

出所：https://www.matrixflow.net/

ポイント

Matrix Flowに関しては，以下の特徴となります。
①IoT（I領域），②BIG DATA（B領域），③AI（A領域），④SECURITY（S領域），⑤VALUE UP（V領域）をMatrix Flowで対応することができるAIです。

メリットとしてはMatrix Flowはプログラミングなしで，短期間でAIを構築・運用し幅広い課題を解決することが可能です。売上予測，需要・在庫予測，不良品検知・異常分析，購入顧客予測，文書・テクスト分析などAIで経営や業務の課題解決が可能です。

デメリットとしては，プログラミングがないとはいえ，やはりそれなりの知識がなければ使いこなせないなど，本格的に対応するには専任対応する必要があります。

第4節　製造業に関するDX事例

故障予測や生産の最適化（製造業）

概要

　ドイツの製造会社S社では，オープンなクラウドベースの「IoTオペレーションシステム」を導入し，工作機械の不具合，作業時間のかかり過ぎなど，工場内の状況の一元管理を行いました。IoTオペレーションシステムにはAIが組み込まれており，これによりプラントや工場に設置された工作機械などから収集したBIG DATAの情報を分析し，機械の故障予測や生産の全体最適化が可能となりました。

●故障予測や生産の最適化（製造業）

☞ポイント

　IoTオペレーションシステムは，DXの実現手法である「収集する，貯める，分析する，守る，利活用する」という5つの領域に関して，それぞれ以下のような特徴があります。
　①IoT（I領域）：各種IoTセンサーの利活用
　②BIG DATA（B領域）：IoTオペレーションシステムのクラウドコンピューティング環境利活用
　③AI（A領域）：IoTオペレーションシステムのクラウドコンピューティング環境のAI機能利活用
　④SECURITY（S領域）：工場内閉域およびネットワーク通信広域網のセキュリティ
　⑤VALUE UP（V領域）：工作機械の不具合，作業時間のかかり過ぎなど，機械の故障予測や生産の最適化を実現

ミルスケール防止予測（製造業）

概要

　アメリカの製鉄会社F社では，「AIプラットフォーム」を導入し，以前は使用していなかった情報をアルゴリズムへ取り入れることでセンサーデータの使用を40倍に増やし，新しい機器を設置することなく工場業務について包括的な見解を得られるようになりました。IoTセンサーを業務に取り入れることで，F社は高価な素材である合金鉄の使用を減らし，望ましくない「ミルスケール（鉄の酸化）」を防いで，毎年数百万ドルを節約することができました。その結果，78％以上の精度でミルスケールを予測でき，15％のコスト削減を実現しています。

●ミルスケール防止予測（製造業）

ポイント

　AIプラットフォームは，DXの実現手法である「収集する，貯める，分析する，守る，利活用する」という5つの領域に関して，それぞれ以下のような特徴があります。
　①IoT（I領域）：各種IoTセンサーの利活用
　②BIG DATA（B領域）：AIプラットフォームのクラウドコンピューティング環境利活用
　③AI（A領域）：AIプラットフォームのAI機能利活用
　④SECURITY（S領域）：工場内閉域およびネットワーク通信広域網のセキュリティ
　⑤VALUE UP（V領域）：78％以上の精度でミルスケールを予測でき，15％のコスト削減を
　　実現

最適回転数と圧力調整（製造業）

概要

　タイヤ製造会社B社では，タイヤの原材料であるゴムが，気温が高くなると伸びやすくなり，低くなると縮むという特性があり，さらにタイヤは，回転する器具にゴムを巻きつけながら圧力を加えて作るため，回転数や圧力の力加減を調整しなければなりませんでした。従来の機械ではその調整を人の手と目で行うしかなく，このタイヤ成型の工程が工場全体のボトルネックになっていました。

　そこで，AIを搭載した「最新鋭のタイヤ成型設備」を導入し，数百のセンサーを使って成型中のゴム（タイヤ）の情報を集め，その無数の情報をAIが即座に計算して最適な回転数と圧力を調整できるようになりました。AI搭載のタイヤ成型機により人の手と目を使わない分，労働生産性は従来の成型設備より2倍向上し，人手を3分の1に削減することが実現できています。

●最適回転数と圧力調整（製造業）

ポイント

　AI搭載のタイヤ成型機は，DXの実現手法である「収集する，貯める，分析する，守る，利活用する」という5つの領域に関して，それぞれ以下のような特徴があります。
　①IoT（I領域）：各種IoTセンサーの利活用
　②BIG DATA（B領域）：最新鋭のタイヤ成型設備のクラウドコンピューティング環境利活用
　③AI（A領域）：最新鋭のタイヤ成型設備のAI機能利活用
　④SECURITY（S領域）：工場内閉域およびネットワーク通信広域網のセキュリティ
　⑤VALUE UP（V領域）：従来の成型設備より労働生産性は2倍向上し，人手を3分の1に削減しコスト削減

日本酒造りのノウハウの見える化（製造業）

概要

　酒造会社A社では，ベテラン職人（杜氏，蔵人）の勘と経験による酒造りから脱却するために検査工程のデータ化を行い，職人の勘と経験に頼らない酒造りを実現しました。

　職人のノウハウの蓄積である検査室の大量のBIG DATAを，AI機能を活用することで見える化し，ベテラン職人がいなくても需要に見合うだけの生産量を確保し，多くの消費者に美味しいお酒を安定供給することが可能になりました。それにより従業員の給与などの待遇面も向上し，安定的な経営が可能となりました。

●日本酒造りのノウハウの見える化（製造業）

ポイント

　AI機能活用によるノウハウの見える化では，DXの実現手法である「収集する，貯める，分析する，守る，利活用する」という5つの領域に関して，それぞれ以下のような特徴があります。

①IoT（I領域）：各種IoTセンサーの利活用
②BIG DATA（B領域）：クラウドコンピューティング環境利活用
③AI（A領域）：AI機能利活用
④SECURITY（S領域）：工場内閉域およびネットワーク通信広域網のセキュリティ
⑤VALUE UP（V領域）：職人の勘と経験に頼らない高品質な日本酒造りに必要なノウハウの見える化を実現し，労働生産性向上と需要に見合うだけの生産量確保に成功

第５節　サービス業に関するDX事例

顧客対応時間短縮で顧客満足度向上（サービス業）

概要

　メガバンクM社では，コールセンターにAIによる「オペレーターサポートシステム」を導入し，活用しています。

　オペレーターの会話をAIが解析し，確認事項と質問に対する答えを表示することで，顧客対応時間が約20％短縮され，顧客満足度のアップとオペレーター不足を同時に解消することができました。

●顧客対応時間短縮で顧客満足度向上（サービス業）

ポイント

　オペレーターサポートシステムは，DXの実現手法である「収集する，貯める，分析する，守る，利活用する」という5つの領域に関して，それぞれ以下のような特徴があります。
　①IoT（I領域）：マイク，スピーカーの利活用
　②BIG DATA（B領域）：オペレーターサポートシステムのクラウドコンピューティング環境利活用
　③AI（A領域）：オペレーターサポートシステムのAI機能利活用
　④SECURITY（S領域）：社内およびネットワーク通信広域網のセキュリティ
　⑤VALUE UP（V領域）：顧客対応時間を約20％短縮。顧客満足度のアップとオペレーター不足の解消を同時に実現

タクシーの配車可視化による乗客率向上（サービス業）

概要

　タクシー組合T社では「AI需要予測システム」を導入し，活用しています。このシステムは顧客の需要を予測し，これまでの組合各社の情報（モバイル空間統計，タクシー運行，気象，施設データ）をもとに算出した「リアルタイム移動需要予測情報」をドライバーのタブレット上に提示し，500メートル四方のエリアごとに30分ごとの乗車需要を10分単位で予測して，地図に色と数字で示す仕組みとなっています。

　これにより，ベテランのドライバーも新人のドライバーも乗車率を向上させることができ，乗車待ち時間短縮で顧客満足度も向上するなど効果が出ました。

●タクシーの配車可視化による乗客率向上（サービス業）

ポイント

　AI需要予測システムは，DXの実現手法である「収集する，貯める，分析する，守る，利活用する」という5つの領域に関して，それぞれ以下のような特徴があります。
　①IoT（I領域）：タクシーのGPSの利活用
　②BIG DATA（B領域）：AI需要予測システムのクラウドコンピューティング環境の利活用
　③AI（A領域）：AI需要予測システムのAI機能の利活用
　④SECURITY（S領域）：GPS，ネットワーク通信広域網のセキュリティ
　⑤VALUE UP（V領域）：乗車待ち時間短縮による顧客満足度向上と，乗車率向上による売上向上を実現

53

24時間365日質問回答でサービス向上（サービス業）

　ホテル業K社では「AIチャットボット」を導入し，活用しています。AIのチャット機能により，宿泊のお客様が旅館・ホテルに問い合わせたいことを質問できるサービスです。旅館・ホテルに代わって24時間いつでもAIが宿泊客の質問に回答することで，顧客満足度向上，さらにはお客様の質問傾向から潜在需要に対するサービス向上に努めることができるようになりました。

● 24時間365日質問回答でサービス向上（サービス業）

ポイント

　AIチャットボットは，DXの実現手法である「収集する，貯める，分析する，守る，利活用する」という5つの領域に関して，それぞれ以下のような特徴があります。
①IoT（I領域）：スマートフォン，タブレット，PCの利活用
②BIG DATA（B領域）：AIチャットボットのクラウドコンピューティング環境の利活用
③AI（A領域）：AIチャットボットのチャット機能の利活用
④SECURITY（S領域）：旅館やホテル内での無線LAN回線，ネットワーク通信広域網のセキュリティ
⑤VALUE UP（V領域）：顧客満足度向上，従業員がお客様の質問傾向を分析して，潜在需要のサービス向上を実現

顔認識により予約，再来店数増加（サービス業）

概要

　居酒屋チェーンG社では，都内の店舗で「顔認識型AIロボット（飲みニケーションロボット）」を導入し，活用しています。顔認識型AIロボットによる席の予約を行ったところ多くの反響があり，毎月100〜200名のお客様の予約獲得を実現しました。また，来店客数は10％向上しています。

　ロボットが発する会話の面白さ，また可愛さなどからSNSでの口コミも広がり，メディアにも取り上げられました。

●顔認識により予約，再来店数増加（サービス業）

ポイント

　顔認識型AIロボットは，DXの実現手法である「収集する，貯める，分析する，守る，利活用する」という5つの領域に関して，それぞれ以下のような特徴があります。

①IoT（I領域）：AIロボットのカメラ，マイクの利活用

②BIG DATA（B領域）：顔認識型AIロボットの利活用のクラウドコンピューティング環境利活用

③AI（A領域）：顔認識型AIロボットのAI機能利活用

④SECURITY（S領域）：居酒屋内での無線LAN回線，ネットワーク通信広域網のセキュリティ

⑤VALUE UP（V領域）：毎月100〜200名のお客様の予約獲得と来店客数の10％向上を実現

第6節　小売業に関するDX事例

顧客動向分析によるMD力向上（小売業）

概要

　メガネ・コンタクトレンズ専門店B社では，潜在顧客の把握のために「AI画像分析サービス」を導入し，活用しています。同社では，潜在顧客を取り込むことこそ売上拡大に欠かせないとの発想から，顧客動向を知る手段としてAIを導入しました。

　これまではシニア層向けの商品が多かったのですが，来店者の年齢・性別，滞在時間，来店者人数などのデータを分析したところ，思った以上に20〜30代男性のお客様が多く来店していることもわかりました。そこで商品構成を変更することで，お客様の購買点数が増加する結果となりました。

●顧客動向分析によるMD力向上（小売業）

ポイント

　AI画像分析サービスは，DXの実現手法である「収集する，貯める，分析する，守る，利活用する」という5つの領域に関して，それぞれ以下のような特徴があります。

①IoT（I領域）：店内カメラの利活用

②BIG DATA（B領域）：AI画像分析サービスのクラウドコンピューティング環境の利活用

③AI（A領域）：AI画像分析サービスのAI機能の利活用

④SECURITY（S領域）：店内の無線LAN環境，ネットワーク通信広域網セキュリティ

⑤VALUE UP（V領域）：顧客のニーズとウォンツを年齢別に分析でき，商品構成を変更することで売上増加を実現

マグネット商品への導線向上（小売業）

概要

　登山道具用品専門店 I 社では，「AI画像分析サービス」を導入し，活用しています。登山道具用品ではザック，靴，ウェアという３つのマグネット商品があり，これらをどう配置するかは経験則に任せてきました。

　導入後は来店者の属性や店内エリアでの行動が把握できるようになり，店舗レイアウトの実験も行っています。たとえば，かつてはかなり高い位置にも商品を陳列していましたが，奥まで店内が見渡せるよう棚の高さを低くし，さらにマグネット商品を店奥に配置するレイアウトを試したところ，他の商品棚も回遊しながらマグネット商品にたどり着く導線ができ，お客様の回遊時間も増えることがわかりました。

●マグネット商品への導線向上（小売業）

ポイント

　AI画像分析サービスは，DXの実現手法である「収集する，貯める，分析する，守る，利活用する」という５つの領域に関して，それぞれ以下のような特徴があります。
　①IoT（I領域）：店内カメラの利活用
　②BIG DATA（B領域）：AI画像分析サービスのクラウド環境の利活用
　③AI（A領域）：AI画像分析サービスのAI機能の利活用
　④SECURITY（S領域）：店内の無線LAN環境，ネットワーク通信広域網セキュリティ
　⑤VALUE UP（V領域）：商品棚を回遊しながらマグネット商品にたどり着く導線ができ，回遊時間が増加し，購買の増加を実現

O2Oマーケティングの実現（小売業）

概要

　　ファッションカジュアル専門店A社では，スタイリング紹介・会員入会促進を行う「AIロボット」を導入し，活用しています。「このジャケットにはこんなスタイリングがおススメ！」など，アイテムの紹介だけでなく，そのアイテムやシーンに合ったコーディネートを紹介することでお客様の購買を促すAIアプリです。

　　紹介時には，お客様の顔情報から性別認識をしたうえで紹介を行っており，紹介後もお客様の表情認識からコメントを変えるような仕組みになっています。コーディネート情報は，店舗スタッフのノウハウを活用することで，よりリアリティのあるスタイリングの紹介ができるアプリになっており，EC（ネット販売）も同時に紹介することでO2O（オートゥーオー：ネットとリアル店舗の融合）マーケティングを実現しています。

●O2Oマーケティングの実現（小売業）

ポイント

　　AIロボットは，DXの実現手法である「収集する，貯める，分析する，守る，利活用する」という5つの領域に関して，それぞれ以下のような特徴があります。
　①IoT（I領域）：AIロボットのカメラ，マイクの利活用
　②BIG DATA（B領域）：AIロボットのクラウドコンピューティング環境の利活用
　③AI（A領域）：AIロボットのAI機能の利活用
　④SECURITY（S領域）：店内の無線LAN環境，ネットワーク通信広域網セキュリティ
　⑤VALUE UP（V領域）：リアリティのあるスタイリングを紹介できるアプリによりO2Oマーケティングを実現し，実店舗とネットの相乗効果を発揮

新人でもスムーズなレジ作業（小売業）

概要

　パン・ベーカリー製造販売S社では，「AI画像認識のレジシステム」を導入し，活用しています。お客様が複数のパンをトレーに載せて，レジ横のカメラの下に置くと，このシステムがパンを画像認識し，瞬時にパンの種類を判別して価格・数量から購入金額を算出する仕組みとなっています。このシステムを導入することで，パンの種類を覚えていない新人の店員でもスムーズにレジを担当できるようになり，新人教育の時間も短縮できました。また，なによりレジ待ちの時間がなくなって販売機会ロスの防止につながりました。

●新人でもスムーズなレジ作業（小売業）

ポイント

　AI画像認識レジシステムは，DXの実現手法である「収集する，貯める，分析する，守る，利活用する」という5つの領域に関して，それぞれ以下のような特徴があります。
　①IoT（I領域）：カメラセンサーの利活用
　②BIG DATA（B領域）：AI画像認識のレジシステムのクラウドコンピューティング環境の利活用
　③AI（A領域）：AI画像認識のレジシステムのAI機能の利活用
　④SECURITY（S領域）：パン・ベーカリーショップでの無線LAN回線，ネットワーク通信広域網のセキュリティ
　⑤VALUE UP（V領域）：新人の店員でもスムーズなレジ作業が可能になり，新人教育時間が短縮され，レジ待ちの時間がなくなり販売機会ロスの防止などを実現

コラム 1　データ活用による「見える化」が生産現場を変える

　大手製造業O社のものづくり現場では，さまざまな機械が日々，大量のBIG DATAを発していましたが，そのデータをどのように利用すればよいかがわからず課題となっていました。

　そこで，工程ごとの各種機械からリアルタイムでデータを収集し可視化するツールを導入し，工程作業状況の見える化を行いました。

　工程の見える化のために，さまざまな機械からデータ収集できるIoTセンサーを取り付け，データをBIG DATAとして蓄積し，最終的に可視化ツール（BI：ビジネスインテリジェンス）でグラフ化することを行いました。

　その結果，次のような効果がありました。

1）生産状況とボトルネックが一目でわかるようになり，良いラインはグラフの間隔が狭く，悪いラインは間隔が広いことが判明しました。

2）バブルチャートでエラーの発生状況を示すことができるようになり，超一流のベテラン社員でしか見つけられなかった生産現場の無駄が誰でもわかるようになりました。

3）可視化ツールを使うことで，直感的に無駄が判断でき，改善活動につなげることができるようになりました。具体的には，ベテラン社員が6時間かかって発見していた改善ポイントを，誰でもが1時間程度で見つけることが可能となったのです。その結果，1時間当たりの労働生産性が数か月後には15％向上し，その後，現在では30％も労働生産性が向上するようになりました。

4）生産性向上のレポートを見える化することで，生産現場の人たちのモチベーションが向上し，人材育成の気運も自然に醸成されるようになりました。

　このように機械ができることが増え，人間が別のところに注力することで，多くの改善活動ができるようになり，生産現場の人たちが喜んで利用するようになりました。

　結局のところ，ものづくりとは人であり，その人がデータを駆使することで，さらに人と人とが連携しあって，良いものづくりができる環境ができ上がります。

　これが次世代のモノづくり現場のあるべき姿であり，データ活用による「見える化」が生産現場を変えるというDX実現の好事例となっています。

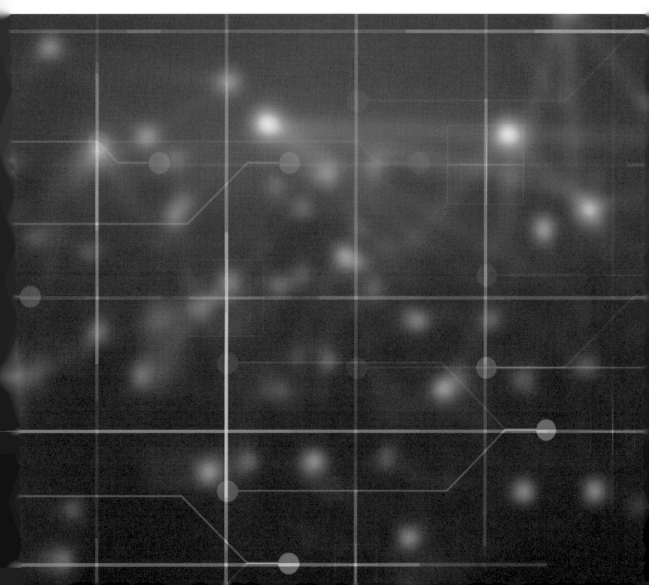

第2章 ケーススタディで学ぶ DX Process (DXP)

第1節　DX Process（DXP）

DX推進における定性評価①

概要

　経済産業省の『「DX推進指標」とそのガイダンス』（以下，『ガイダンス』）では，DX推進における定性指標として，DX推進の成熟度をレベル0〜レベル5の6段階で評価しています。本指標がわが国企業の国際競争力を高め，デジタル企業への変革を促すことを目的としていることから，最終的なゴール（レベル5）は「デジタル企業として，グローバル競争を勝ち抜くことのできるレベル」となります。

　これからDXを実行するすべての企業においては，本書のDX Processにより「DX実行計画書」を作成する前に，まずは，この成熟度（6段階）を利活用することで，現在自社がどのレベルにあって，次にどのレベルを目指すのかを認識するとともに，次のレベルに向けて具体的なアクションにつなげていくことが期待されます。

　『ガイダンス』では，指標項目ごとにレベル分けの記載がありますので，それに従って評価してください。

　各項目のキークエスチョンは次の9項目となります。

《ビジョンの共有》
《危機感とビジョン実現の必要性の共有》
《経営トップのコミットメント》
《マインドセット，企業文化》
《推進・サポート体制》
《人材育成・確保》
《事業への落とし込み》
《ビジョン実現の基盤としてのITシステムの構築》
《ガバナンス・体制》

●DX推進における定性評価①

 鳥の目の視点（企業全体を俯瞰して経営改革する視点）

成熟度レベル		特性
レベル0	『未着手』	経営者は無関心か、関心があっても具体的な取組に至っていない
レベル1	『一部での散発的実施』	全社戦略が明確でない中、部門単位での試行・実施にとどまっている （例）PoCの実施において、トップの号令があったとしても、全社的な仕組みがない場合は、ただ単に失敗を繰り返すだけになってしまい、失敗から学ぶことができなくなる。
レベル2	『一部での戦略的実施』	全社戦略に基づく一部の部門での推進
レベル3	『全社戦略に基づく部門横断的推進』	全社戦略に基づく部門横断的推進 全社的な取組となっていることが望ましいが、必ずしも全社で画一的な仕組みとすることを指しているわけではなく、仕組みが明確化され部門横断的に実践されていることを指す。
レベル4	『全社戦略に基づく持続的実施』	定量的な指標などによる持続的な実施 持続的な実施には、同じ組織、やり方を定着させていくということ以外に、判断が誤っていた場合に積極的に組織、やり方を変えることで、継続的に改善していくということも含まれる。
レベル5	『グローバル市場におけるデジタル企業』	デジタル企業として、グローバル競争を勝ち抜くことのできるレベル レベル4における特性を満たした上で、グローバル市場でも存在感を発揮し、競争上の優位性を確立している。

出所：経済産業省『「DX推進指標」とそのガイダンス』，令和元年7月

DX推進における定性評価②

　前掲『ガイダンス』の成熟度レベルにおいて，どのレベルを目指すかを検討します。1年から最長でも3年以内に，成熟度レベル3以上を目指すことが望まれます。

　レベル3以上を目指す際に，本書のDX Processの各種フレームワークを駆使して，「DX実行計画書」を策定し，PDCAを回すことを行います。

　同時にAI・IoTを代表とする最先端のデジタルツールを導入する際はPoCなども行い，経営理念・経営者の想い，経営目標，業務改善目標を実現するために，全従業員でベクトルを合わせて活動することを行ってください。成熟度レベルは鳥の目で企業全体を俯瞰して何が重要か，何を優先すべきか，経営改革を行う視点で捉えます。

●DX推進における定性評価②

鳥の目の視点（企業全体を俯瞰して経営改革する視点）

※ここでのITは，AI・IoTを代表とする最先端のデジタルに加えて旧来のITも含まれます。　　凡例　現在：×, 1年後：△, 2年後：○

成熟度レベル							
#	各項目のキークエスチョン	レベル0	レベル1	レベル2	レベル3	レベル4	レベル5
1	《ビジョンの共有》 データとデジタル技術を使って、変化に迅速に対応しつつ、顧客視点でどのような価値を創出するのか、社内外でビジョンを共有できているか。		×	△	○		
2	《危機感とビジョン実現の必要性の共有》 将来におけるディスラプション（既存の者を破壊するような革新的なイノベーション）に対する危機感と、なぜビジョンの実現が必要かについて、社内外で共有できているか。		×	△			
3	《経営トップのコミットメント》 ビジョンの実現に向けて、ビジネスモデルや業務プロセス、企業文化を変革するために、組織整備、人材・予算の配分、プロジェクト管理や人事評価の見直し等の仕組みが、経営のリーダーシップの下、明確化され、実践されているか。			×	△	○	
4	《マインドセット、企業文化》 挑戦を促し失敗から学ぶプロセスをスピーディーに実行し、継続できる仕組みが構築できているか。		×	△	○		
5	《推進・サポート体制》 DX推進がミッションとなっている部署や人員と、その役割が明確になっているか。また、必要な権限は与えられているか。			×	△	○	
6	《人材育成・確保》 DX推進に必要な人材の育成・確保に向けた取組が行われているか。		×	△			
7	《事業への落とし込み》 DXを通じた顧客視点での価値創出に向け、ビジネスモデルや業務プロセス、企業文化の改革に対して、（現場の抵抗を抑えつつ、）経営者自らがリーダーシップを発揮して取り組んでいるか。			×	△	○	
8	《ビジョン実現の基盤としてのITシステムの構築》 ビジョン実現（価値の創出）のためには、既存のITシステムにどのような見直しが必要であるかを認識し、対応策が講じられているか。		×	△	○		
9	《ガバナンス・体制》 ビジョンの実現に向けて、IT投資において、技術的負債を低減しつつ、価値の創出につながる領域へ資金・人材を重点配分できているか。（「技術的負債」：短期的な観点でシステムを開発し、結果として、長期的に保守費や運用費が高騰している状態のこと）		×	△	○		

Ⅰ. 目標策定①経営理念・経営者の想い

ここからは実際に本書のDX Processリファレンスの流れに沿って「Ⅰ. 目標策定①経営理念・経営者の想い」では，AI・IoTを代表とする最先端のデジタルツールを利活用して経営改革や業務改善を行う際の企業の経営理念，経営上の想い，業務上の想いを定量的，定性的を明確にしていきます。

経営理念・経営者の想いはAI・IoTを代表とする最先端のデジタルツール導入による最終目標であり，各目標は1年〜最長でも3年程度で明確にしていきます。

今日，世界的にみても環境が激変しています。従来のように4年先，5年先を考えることよりも，目標は現実的に1年〜3年程度にしておくべきです。

当然，毎年活動する中でPDCAサイクルを回して，いかに迅速に環境に対応するかが重要です。ダーウィンの進化論のように，環境の変化にいかに対応できるかがDXを進めるうえでも重要です。

●Ⅰ. 目標策定①経営理念・経営者の想い

 鳥の目の視点（企業全体を俯瞰して経営改革する視点）

対象	内容
経営理念	○○○○○○○○○○○○○○○○○○○○○○○○○○○○○○○
経営上の想い	○○○○○○○○○○○○○○○○○○○○○○○○○○○○○○○ ○○○○○○○○○○○○○○○○○○○○○○○○○○○○○○○
業務上の想い	○○○○○○○○○○○○○○○○○○○○○○○○○○○○○○○ ○○○○○○○○○○○○○○○○○○○○○○○○○○○○○○○

ポイント

「Ⅰ. 目標策定①経営理念・経営者の想い」は，以下の点を留意して分析します。
（1）経営理念（社是等）とは，創業者や経営者が掲げる企業としての存在理由であり，普遍的な企業が最終的に目標とする姿です。
（2）経営上の想いでは，経営者が抱えている経営上の課題や定性的な目標を分析します。
（3）業務上の想いでは，経営者が抱えている業務上の課題や定性的な目標を分析します。
　　経営理念・経営者の想いは，鳥の目で企業全体を俯瞰して何が重要か，何を優先すべきかを経営改革する視点で捉えます。

Ⅰ．目標策定①経営理念・経営者の想い

概要

「Ⅰ．目標策定①経営理念・経営者の想い」では，AI・IoTを代表とする最先端のデジタルツールを利活用して経営改革や業務改善を行う際の事業領域＝ドメインを明確にしていきます。環境変化の激しい時代にあって，顧客のニーズも変化しています。たとえば，自動車業界はどうでしょうか？世界的にSDGsやカーボンニュートラルが叫ばれる時代となり，ガソリン燃料車やハイブリッド車が電気自動車（EV）に替わることになれば，従来の自動車のエンジン部品のマーケットはすべて失われます。

まだ自動車であればあと5〜10年程度はかかるかもしれませんが，それ以外の業種ではどうでしょうか。これからますます競争も激化します。そうした事態に備えるためにも，現在の事業ドメインだけではなく，常に新事業ドメインを検討して準備をすべきです。

経営理念・経営者の想いを達成するために，事業ドメインとして既存のビジネスの変革と新規ビジネスの創出の視点で，1年〜3年程度で明確にしていきます。

● Ⅰ．目標策定①経営理念・経営者の想い

 鳥の目の視点（企業全体を俯瞰して経営改革する視点）

	顧客は誰か？ （ターゲット）	何を欲しいのか？ （ニーズ）	どのような製品・サービスを提供できるか？ （ノウハウ）
現在の事業ドメイン （既存ビジネスの変革）	○○○○○○○○○○ ○○○○○○○○○○ ○○○○○○○○	○○○○○○○○○○ ○○○○○○○○○○ ○○○○○○○○	○○○○○○○○○○ ○○○○○○○○○○ ○○○○○○○○
新事業ドメイン （新規ビジネスの創出）	○○○○○○○○○○ ○○○○○○○○○○ ○○○○○○○○	○○○○○○○○○○ ○○○○○○○○○○ ○○○○○○○○	○○○○○○○○○○ ○○○○○○○○○○ ○○○○○○○○

ポイント

「Ⅰ．目標策定①経営理念・経営者の想い」は，以下の点に留意して分析します。

（1）事業ドメインとは，ターゲット，ニーズ，ノウハウの3つの軸で事業の領域を決定することです。

（2）ターゲットとは「顧客は誰か?」を問うこと，ニーズとは「何を欲しいのか?」を問うこと，ノウハウは「どのような製品・サービスを提供できるか?」を問うこととなります。

（3）現在の事業ドメインから新事業ドメインを検討することで，新規ビジネスの創出のきっかけとなり，AI・IoTを代表とする最先端のデジタルツールを利活用してDXにつなげることを目的とします。

①経営理念・経営者の想いは，鳥の目で企業全体を俯瞰して何が重要か，何を優先すべきかを経営改革する視点で捉えます。

Ⅰ．目標策定②経営目標

概要

　「Ⅰ．目標策定②経営目標」では，AI・IoTを代表とする最先端のデジタルツールを利活用して経営改革や業務改善を行う際の売上高，粗利益（売上総利益），売上総利益率，営業利益，営業利益率を明確にします。経営目標は，最先端のデジタルツール導入による最終目標であり，各目標は1年～3年程度で明確にしていきます。

　その際は，「①経営理念や経営者の想い」の定量的・定性的目標を達成できるように，経営目標を明確にしていきます。

●Ⅰ．目標策定②経営目標

 鳥の目の視点（企業全体を俯瞰して経営改革する視点）

指標	前期（20XX年度）	当期（20XX年度）	来期（20XX年度）
売上高	￥X,XXX,XXX.-（千円）	￥X,XXX,XXX.-（千円）	￥X,XXX,XXX.-（千円）
粗利(売上総利益)	￥XXX,XXX.-（千円）	￥XXX,XXX.-（千円）	￥XXX,XXX.-（千円）
売上総利益率	XX.X%	XX.X%	XX.X%
営業利益	￥XX,XXX.-（千円）	￥XX,XXX.-（千円）	￥XX,XXX.-（千円）
営業利益率	X.X%	X.X%	X.X%

ポイント

　「Ⅰ．目標策定②経営目標」は，以下の点に留意して分析します。

（1）売上高：財やサービスを提供して得られた金額総額を記載してください。ここでは売上高を分析します。

（2）粗利益（売上総利益）：粗利益は売上高から売上原価を引いた数字で，ビジネスによる付加価値を表しています。ここでは粗利益を分析します。

（3）売上総利益率：売上高に占める粗利益高の割合を表しています。ここでは売上総利益率を分析します。

（4）営業利益：営業利益は粗利益から営業にかかった経費（販売管理費）を差し引いた数字で，企業が行ったビジネス活動の成果（本業の儲け）を表しています。ここでは営業利益を分析します。

（5）営業利益率：売上高に占める営業利益の割合を表しています。ここでは営業利益率を分析します。

　上記に加え，そのほかに分析できる経営目標は適宜，分析します。

　経営目標は鳥の目で企業全体を俯瞰して何が重要か，何を優先すべきかを経営改革する視点で捉えます。

Ⅰ．目標策定③業務改善目標

概要

　「Ⅰ．目標策定③業務改善目標」では，AI・IoTを代表とする最先端のデジタルツールを利活用して経営改革や業務改善を行う際の各部門の（組織）の業務改善目標を明確にしていきます。

　その際，業務改善を行うことにより①経営理念・経営者の想い，②経営目標を達成するために各部門の業務改善目標を定性的に設定します。

　たとえば，コスト削減，納期短縮化，品質向上，労働生産性向上のような大きなテーマを詳細にして，明確にしていきます。

●Ⅰ．目標策定③業務改善目標

 鳥の目の視点（企業全体を俯瞰して経営改革する視点）

各種部門（組織）	内容
総務人事・経理	○○○○○○○○○○○○○○○○○○○○○○○○○○○○○○○○○○○
営業部・営業事務	○○○○○○○○○○○○○○○○○○○○○○○○○○○○○○○○○○
製造部	○○○○○○○○○○○○○○○○○○○○○○○○○○○○○○○○○
品質管理部	○○○○○○○○○○○○○○○○○○○○○○○○○○○○○○○○○
資材調達部	○○○○○○○○○○○○○○○○○○○○○○○○○○○○○○○○○○

ポイント

　「Ⅰ．目標策定③業務改善目標」は，以下の点に留意して分析します。
（1）各部門ごとの業務改善目標を分析します。
（2）定性的な面が基本となりますが，定量的な面で記載可能であれば分析します。

　業務改善目標は，鳥の目で会社全体を俯瞰して何が重要か，何を優先すべきかを経営改革する視点で捉えます。

Ⅱ．現状把握・課題抽出④課題一覧表

　「Ⅱ．現状把握・課題抽出④課題一覧表」では，AI・IoTを代表とする最先端のデジタルツールを利活用して，経営改革や業務改善を行う際の各部門の（組織）の業務改善目標を明確にしていきます。

　③で明確化した業務改善目標を達成するための阻害要因となる業務課題を明確にしていきます。業務課題，課題内容，記載日，部門，発言者を明確化することでAI・IoTを代表とする最先端のデジタルツールを利活用して課題解決すべき課題内容を明確にしていきます。

●Ⅱ．現状把握・課題抽出④課題一覧表

虫の目の視点（経営資源を直接見て業務改善する視点）

対象領域【○○○○○○○○○○○】

NO	業務課題	課題内容	記載日	部門	発言者
1	○○○○○○ ○○○○○○	○○○○○○○○○○○ ○○○○○○○○○○○	○/○	○○○	○○
2	○○○○○○ ○○○○○○	○○○○○○○○○○○ ○○○○○○○○○○○	○/○	○○○	○○
3	○○○○○○ ○○○○○○	○○○○○○○○○○○ ○○○○○○○○○○○	○/○	○○○	○○

ポイント

　「Ⅱ．現状把握・課題抽出④課題一覧表」は，以下の点に留意して分析します。

（1）対象領域は，今回の対応の最終的な対象領域のことになります。経営改革や業務改善のタイトル（テーマ）として分析します。

（2）各現場担当者が抱える業務課題面から課題を分析し記載してください。（経営課題ではなく現場の業務課題となります。たとえば，コスト削減，納期短縮化，品質向上，労働生産性向上のように③で挙げたテーマです。）

（3）業務課題ごとの課題内容を分析し記載してください。業務内容は発言者により別の角度から発言もあるので，その場合，業務課題に追加で業務内容，記載日，部門，発言者を追記してください。

（4）記載日，部門，発言者を分析します。

　課題一覧表は虫の目で経営資源（ヒト・モノ・カネ・情報）を直接見て徹底的に細部までこだわって仕事を業務改善する視点で捉えます。

Ⅱ．現状把握・課題抽出⑤As-Is版業務フロー

概要

　「Ⅱ．現状把握・課題抽出⑤As-Is版業務フロー」は，AI・IoTを代表とする最先端のデジタルツールを利活用して経営改革や業務改善を行う際の各部門の（組織）の業務改善目標を明確にしていきます。

　④課題一覧表で明確化した業務課題を解決するための阻害要因となっている業務フローを明確にしていきます。

　まず，企業全体のAs-Is版業務フロー図を描きます。その後，④の課題一覧表の対象領域を枠で囲って対象領域を明確にしていきます。

●Ⅱ．現状把握・課題抽出⑤As-Is版業務フロー

  魚の目の視点（経営資源の流れを観察して業務改善する視点）
虫の目の視点（経営資源を直接見て業務改善する視点）

会社全体の業務フロー図

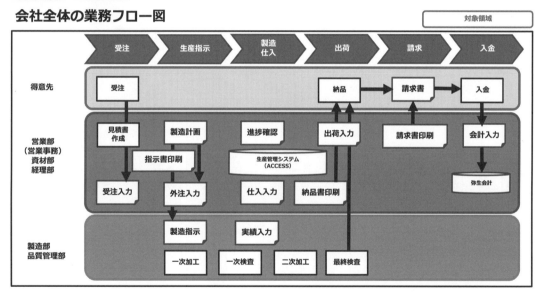

ポイント

　「Ⅱ．現状把握・課題抽出⑤As-Is版業務フロー」は，以下の点に留意して分析します。

（1）会社全体の現状の業務フローを図式化します。

（2）対象領域を枠で囲うようにします。

（3）業務課題に関して，会社全体の業務フローの範囲をわかりやすく記載します。課題がどこで発生しているかを俯瞰的に分析します。

Ⅱ．現状把握・課題抽出⑤As-Is版業務フロー

概要

　「Ⅱ．現状把握・課題抽出⑤As-Is版業務フロー」では，AI・IoTを代表とする最先端のデジタルツールを利活用して経営改革や業務改善を行う際の各部門の（組織）の業務改善目標を明確にしていきます。

　④で明確化した業務課題を解決するための阻害要因となっている業務フローを明確にしていきます。まず，企業全体の業務フローからさらに詳細にAs-Is版業務フローを図として描きます。この業務フロー図に描かれた業務がAI・IoTを代表とする最先端のデジタルツール利活用のフローとなるため，場合によりAs-Is版業務フロー図は各業務毎に明確に作成していきます。

●Ⅱ．現状把握・課題抽出⑤AS-IS版業務フロー

　魚の目の視点（経営資源の流れを観察して業務改善する視点）
　　　　　　　　　　　　　　　　虫の目の視点（経営資源を直接見て業務改善する視点）

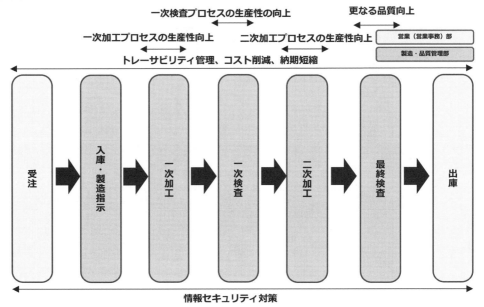

ポイント

　「Ⅱ．現状把握・課題抽出⑤As-Is版業務フロー」は，以下の点に留意して分析します。
（1）会社全体の現状の業務フローを図式化して分析します。
（2）全体の現状の業務フローの中で改善領域となる各業務フローを図式化して分析します。
（3）業務課題に関して，業務フローの範囲をわかりやすく記載します。たとえば，業務の箇所に吹き出しや矢印を引き，課題がどこで発生しているかを俯瞰的に分析します。
　As-Is版業務フローは魚の目で経営資源の流れ＝トレンドを観察して業務改善する視点で捉えます。また，虫の目で経営資源（ヒト・モノ・カネ・情報）を直接見て徹底的に細部までこだわって仕事を業務改善する視点で捉えます。

Ⅱ．現状把握・課題抽出⑥As-Is版システムマップ

　「Ⅱ．現状把握・課題抽出⑥As-Is版システムマップ」では，AI・IoTを代表とする最先端の
デジタルツールを利活用して経営改革や業務改善を行う際の各部門の（組織）の業務改善目標
を明確にしていきます。

　現在，企業全体で利活用しているシステムをシステムマップを使って描きます。このAs-Is
版システムマップに描かれた現状システム対象を，色を付けて明確にしていきます。

●Ⅱ．現状把握・課題抽出⑥As-Is版システムマップ

 魚の目の視点（経営資源の流れを観察して業務改善する視点）
虫の目の視点（経営資源を直接見て業務改善する視点）

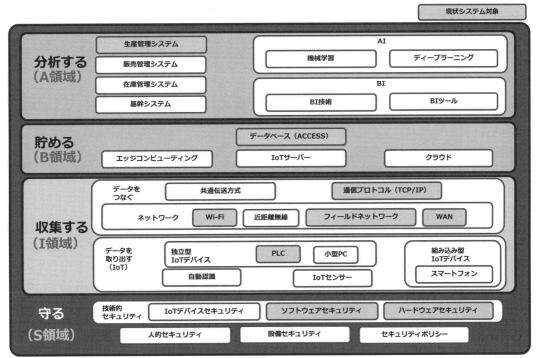

　「Ⅱ．現状把握・課題抽出⑥As-Is版システムマップ」は，以下の点に留意して分析および記
載を行ってください。
　（1）現在のAI（A領域），BIG DATA（B領域），IoT（I領域），SECURITY（S領域）を，As-Is
　　　版システムマップを参考に明確にし，分析します。
　（2）現在の各システムが不明な場合は，追加ヒアリングや現地調査にて確認し，記載する
　　　必要があります。

75

II．現状把握・課題抽出⑥As-Is版システムマップ

概要

　「II．現状把握・課題抽出⑥As-Is版システムマップ」では，AI・IoTを代表とする最先端のデジタルツールを利活用して経営改革や業務改善を行う際の各部門の（組織）の業務改善目標を明確にしていきます。現在，企業全体で利活用しているシステムをAs-Is版システムマップに描き，その後，このAs-Is版システムマップに描かれた現状システム対象の内容，記載日，部門，発言者を明確にしていきます。

●II．現状把握・課題抽出⑥As-Is版システムマップ

魚の目の視点（経営資源の流れを観察して業務改善する視点）
虫の目の視点（経営資源を直接見て業務改善する視点）

【分析する（A領域）】

NO	技術構成	内容	記載日	部門	発言者
1	○○○○○○○○○○	○○○○○○○○○○○○○○○○○○	○/○	○○○	○○

【貯める（B領域）】

NO	技術構成	内容	記載日	部門	発言者
1	○○○○○○○○○○	○○○○○○○○○○○○○○○○○○	○/○	○○○	○○

【収集する（I領域）】

NO	技術構成	内容	記載日	部門	発言者
1	○○○○○○○○○○	○○○○○○○○○○○○○○○○○○	○/○	○○○	○○

【守る（S領域）】

NO	技術構成	内容	記載日	部門	発言者
1	○○○○○○○○○○	○○○○○○○○○○○○○○○○○○	○/○	○○○	○○

ポイント

　「II．現状把握・課題抽出⑥As-Is版システムマップ」は，以下の点に留意して分析および記載を行ってください。
　（1）現在のAI（A領域），BIG DATA（B領域），IoT（I領域），SECURITY（S領域）を，システムマップを参考に明確にして分析します。
　（2）現在の各システムが不明な場合は，追加ヒアリングや現地調査にて確認し，記載する必要があります。
　As-Is版システムマップは，魚の目で経営資源の流れ＝トレンドを観察して業務改善する視点で捉えます。また，虫の目で経営資源（ヒト・モノ・カネ・情報）を直接見て徹底的に細部までこだわって仕事を業務改善する視点で捉えます。

Ⅲ．課題解決策策定⑦課題解決策実施一覧表

概要

「Ⅲ．課題解決策策定⑦課題解決策実施一覧表」では，AI・IoTを代表とする最先端のデジタルツールを利活用して経営改革や業務改善を行う際の各部門の（組織）の業務改善目標を明確にしていきます。業務改善目標を達成するための阻害要因となる④の業務課題と⑤As-Is版業務フローに対して，改善実施策，記載日，部門，発言者を明確にすることでAI・IoTを代表とする最先端のデジタルツールを利活用して課題解決実施策を明確にしていきます。

●Ⅲ．課題解決策策定⑦課題解決策実施一覧表

魚の目の視点（経営資源の流れを観察して業務改善する視点）
虫の目の視点（経営資源を直接見て業務改善する視点）
蝙蝠の目の視点（反対から物事を見て経営改革する視点）

対象領域【○○○○○○○○○○】

NO	業務課題	課題内容	改善実施策	記載日	部門	発言者
1	○○○○○○○	○○○○○○○○○○○○○○○○○○○○○○○○○○○○○○○○	○○	○/○	○○○	○○
2	○○○○○○○	○○○○○○○○○○○○○○○○○○○○○○○○	○○	○/○	○○○	○○
3	○○○○○○○	○○○○○○○○○○○○○○○○○○○○○○○○	○○	○/○	○○○	○○
4	○○○○○○○	○○○○○○○○○○○○○○○○○○○○○○○○	○○	○/○	○○○	○○

ポイント

「Ⅲ．課題解決策策定⑦課題解決策実施一覧表」は，以下の点に留意して分析します。

(1) 課題内容に対して，AI・IoTを代表とする最先端のデジタルツールを使い改善実施策を分析します。（各成功事例やAI・IoTを代表とするデジタルツールなどを調査・分析し，改善実施策を検討します。）

(2) 業務課題毎の課題内容について，改善実施策を検討して分析します。

(3) 改善実施策は発言者により別の角度から発言もあるので，その場合，改善実施策に追加で記載し，記載日，部門，発言者を分析します。

課題解決策実施一覧表は，魚の目で経営資源の流れ＝トレンドを観察して業務改善する視点で捉えます。また，虫の目で経営資源（ヒト・モノ・カネ・情報）を直接見て徹底的に細部までこだわって仕事を業務改善する視点で捉えます。

そして最後に，蝙蝠（コウモリ）の目で物事を逆の立場で見る，逆の視点から見る，さらに発想を変えて経営改革する視点で捉えます。

Ⅲ．課題解決策策定⑧To-Be版システムマップ

概要

　「Ⅲ．課題解決策策定⑧To-Be版システムマップ」では，AI・IoTを代表とする最先端のデジタルツールを利活用して経営改革や業務改善を行う際の企業の各部門（組織）の業務改善目標を明確にしていきます。

　現在，企業全体で利活用しているAs-Is版システムマップの現状システム対象と分けて，To-Be版システムマップで導入検討対象を色分けで明確にしていきます。

●Ⅲ．課題解決策策定⑧To-Be版システムマップ

 魚の目の視点（経営資源の流れを観察して業務改善する視点）
虫の目の視点（経営資源を直接見て業務改善する視点）

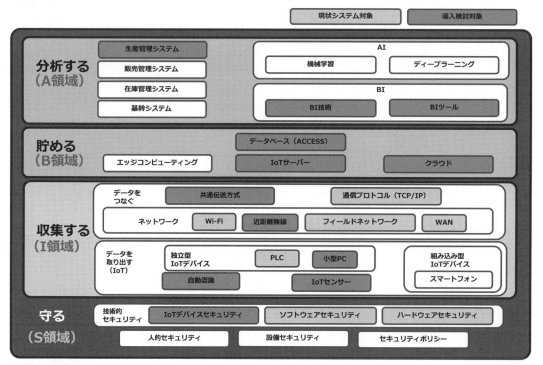

☞ポイント

　「Ⅲ．課題解決策策定⑧To-Be版システムマップ」は，以下の点に留意して分析します。
（1）現在のAI（A領域），BIG DATA（B領域），IoT（I領域），SECURITY（S領域）を，改善実施案で検討したツールなどをシステムマップを参考に分析します。
（2）希望のAI・IoTを代表とする最先端のデジタルツールが不明な場合は，追加ヒアリングや現地調査にて確認し，記載する必要があります。

Ⅲ. 課題解決策策定⑧To-Be版システムマップ

概要

　「Ⅲ. 課題解決策策定⑧To-Be版システムマップ」では，AI・IoTを代表とする最先端のデジタルツールを利活用して経営改革や業務改善を行う際の各部門（組織）の業務改善目標を明確にしていきます。③で明確化した業務改善目標を達成するための阻害要因となる④の業務課題と⑤As-Is版業務フローに対して，改善実施が可能なAI・IoTを代表とする最先端のデジタルツールをイメージとして張り付け，課題解決策を明確にしていきます。

●Ⅲ. 課題解決策策定⑧To-Be版システムマップ

 魚の目の視点（経営資源の流れを観察して業務改善する視点）
虫の目の視点（経営資源を直接見て業務改善する視点）

■スリーアップテクノロジー　設備稼働監視システム

クラウド	IoTセンサー	IoTサーバー	BI技術	BIツール

設備稼働監視システム 概要

データ収集器

インターネット
3G・4G
MQTT SSL/TLS

クラウド
SAKURA internet

設備状態の見える化

HTTPS

0-10V,4-20mA,熱電対,24V,100V

異常ランプ　　温度　　アナログ計

設備制御盤からお客様の課題
に対応する信号を採取

離れた場所で、設備稼働状況を
リアルタイムに把握！

IoTデバイスセキュリティ

☞ポイント

　「Ⅲ. 課題解決策策定⑧To-Be版システムマップ」は，以下の点に留意して分析します。
（1）今後のAI（A領域），BIG DATA（B領域），IoT（I領域），SECURITY（S領域）を，システムマップを参考にAI・IoTを代表とする最先端のデジタルツールを検討し分析します。
（2）現在の導入済みのシステムの観点を含め，どのようにすれば改善実施が可能かを考慮して分析します。（各成功事例など調査・分析し，改善実施策を検討します。）
　To-Be版システムマップは，魚の目で経営資源の流れ＝トレンドを観察して業務改善する視点で捉えます。また，虫の目で経営資源（ヒト・モノ・カネ・情報）を直接見て徹底的に細部までこだわって仕事を業務改善する視点で捉えます。

Ⅲ．課題解決策策定⑨To-Be版業務フロー

概要

　「Ⅲ．課題解決策策定⑨To-Be版業務フロー」では，AI・IoTを代表とする最先端のデジタルツールを利活用して経営改革や業務改善を行う際の企業の各部門の（組織）の業務改善目標を明確にしていきます。

　③で明確にした業務改善目標を達成するための阻害要因となる④の業務課題と⑤As-Is版業務フローに対して，課題解決のためのツールをわかりやすくイメージとして表示することでTo-Be版業務フローとします。

●Ⅲ．課題解決策策定⑨To-Be版業務フロー

鳥の目の視点（企業全体を俯瞰して経営改革する視点）
魚の目の視点（経営資源の流れを観察して業務改善する視点）
虫の目の視点（経営資源を直接見て業務改善する視点）

■IoT可視化ソフトウェア　　■ioTerrace（モニタリング）　　■SQL Azuru＋TVモニター＋小型PC

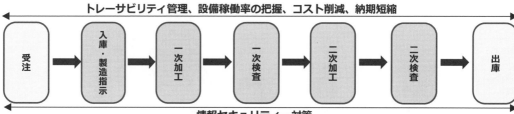

トレーサビリティ管理、設備稼働率の把握、コスト削減、納期短縮

一次加工プロセスの生産性向上　　一次検査プロセスの生産性の向上　　二次加工プロセスの生産性向上　　更なる品質向上

受注　→　入庫・製造指示　→　一次加工　→　一次検査　→　二次加工　→　二次検査　→　出庫

情報セキュリティー対策

IoTセンサー　　IoTカメラ　　IoTセンサー　　IoTカメラ

☞ポイント

　「Ⅲ．課題解決策策定⑨To-Be版業務フロー」は，以下の点に留意して分析します。

　⑧To-Be版システムマップで分析して選定したAI・IoTを代表とする最先端のデジタルツール類をわかりやすくイメージとして表示します。

　To-Be版業務フローは，鳥の目で企業全体を俯瞰して何が重要か，何を優先すべきか，企業の経営改革の視点で捉えます。

　次に，魚の目で経営資源の流れ＝トレンドを観察して業務改善する視点で捉えます。また，虫の目で経営資源（ヒト・モノ・カネ・情報）を直接見て徹底的に細部までこだわって仕事を業務改善する視点で捉えます。

Ⅲ. 課題解決策策定⑩ AI・IoT導入シナリオ

概要

　AI・IoT導入シナリオでは，AI・IoTを代表とする最先端のデジタルツールを利活用して経営改革や業務改善を行う際に，社内向けはBPR（ビジネスプロセス・リエンジニアリング），社外向けはDXと大きく2つに分けて検討します。また，現在の事業ドメイン（既存ビジネスの変革）と新事業ドメイン（新規ビジネスの創出）の2つに大別した場合，業績志向ではバランススコアカード（BSC），デザイン思考ではビジネスモデルキャンバス（BMC）にてシナリオを描きます。現在の事業ドメインに対してCS（カスタマーサティスファクション：顧客満足度），新事業ドメインに対してUX（ユーザーエクスペリエンス：顧客体験）を向上させるために，業績志向によるバランススコアカード（BSC）とデザイン思考によるビジネスモデルキャンバス（BMC）を利活用します。

●Ⅲ. 課題解決策策定⑩ AI・IoT導入シナリオ

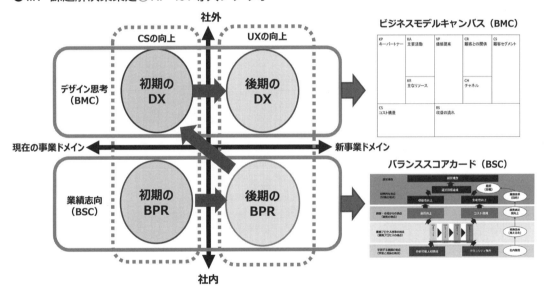

▣☞ポイント

（1）社内向けのAI・IoTを代表とする最先端のデジタル化では，現在の事業ドメインに対する初期BPRと新事業ドメインに対する後期のBPRがあります。

　　現在の事業ドメインに対するCS（カスタマーサティスファクション：顧客満足度）の向上や，新事業ドメインに対するUX（ユーザーエクスペリエンス：顧客体験）の向上のために，業績志向のバランススコアカード（BSC）を利活用します。

（2）社外向けのAI・IoTを代表とする最先端のデジタル化では，現在の事業ドメインに対する初期のDXと新事業ドメインに対する後期のDXがあります。

　　現在の事業ドメインに対するCSの向上や，新事業ドメインに対するUXの向上のために，デザイン思考のビジネスモデルキャンバス（BMC）を利活用します。

Ⅲ．課題解決策策定⑩AI・IoT導入シナリオ（BSC）

　「Ⅲ．課題解決策策定⑩AI・IoT導入シナリオ」では，AI・IoTを代表とする最先端のデジタルツールを利活用して，社内に対して経営改革や業務改善を行う際の企業の各部門（組織）の業務改善目標を明確にしていきます。CS（カスタマーサティスファクション：顧客満足度）およびUX（ユーザーエクスペリエンス：顧客体験）を向上させるために，業績志向によるバランススコアカード（BSC）を利活用します。

●Ⅲ．課題解決策策定⑩AI・IoT導入シナリオ（BSC）

鳥の目の視点（企業全体を俯瞰して経営改革する視点）
魚の目の視点（経営資源の流れを観察して業務改善する視点）
虫の目の視点（経営資源を直接見て業務改善する視点）
蝙蝠の目の視点（反対から物事を見て経営改善する視点）

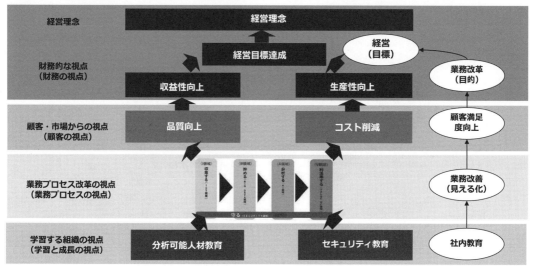

ポイント

　「Ⅲ．課題解決策策定⑩AI・IoT導入シナリオ」は，以下の点に留意して分析します。バランススコアカード（BSC）手法による戦略マップを使いAI・IoT導入シナリオを明確にしていきます。AI・IoTを代表とする最先端のツールなどの導入に成功しても，使うのは人（ヒト）です。社内教育（学習）をしなければ，デジタルツールを使いこなし，BIG DATAから分析したデータを有効に活用した業務改善や経営改革はできません。

　逆に，人が成長すれば，業務プロセス改革が進みます。そのためには業務改善（見える化）が必須です。

　次に，業務プロセス改革が進めば，物（モノ・サービス）の品質向上やコスト削減などが進み，顧客満足度も向上します。顧客満足度が向上すれば，最終的に業務改革が進み，経営目標が達成されます。このようにAI・IoT導入後のシナリオを明確にしていきます。

　AI・IoT導入シナリオ（BSC）は鳥の目，魚の目，虫の目，蝙蝠の目のすべてを使ってさまざまな角度から業務改善と経営改革の両面でのシナリオを決定します。

Ⅲ．課題解決策策定⑩AI・IoT導入シナリオ（BMC）

　「Ⅲ．課題解決策策定⑩AI・IoT導入シナリオ」では，AI・IoTを代表とする最先端のデジタルツールを利活用して，社外に対して経営改革や業務改善を行う際の企業の各部門（組織）の業務改善目標を明確にしていきます。CS（カスタマーサティスファクション：顧客満足度）およびUX（ユーザーエクスペリエンス：顧客体験）を向上させるために，デザイン思考のビジネスモデルキャンバス（BMC）を利活用します。

●Ⅲ．課題解決策策定⑩AI・IoT導入シナリオ（BMC）

鳥の目の視点（企業全体を俯瞰して経営改革する視点）
魚の目の視点（経営資源の流れを観察して業務改善する視点）
虫の目の視点（経営資源を直接見て業務改善する視点）
蝙蝠の目の視点（反対から物事を見て経営改善する視点）

KP キーパートナー （8）	KA 主要活動 （7）	VP 価値提案 （2）	CR 顧客との関係 （4）	CS 顧客セグメント （1）
	KR 主なリソース （6）		CH チャネル （3）	
CS コスト構造 　　（9）		RS 収益の流れ 　　　　（5）		

　「Ⅲ．課題解決策策定⑩AI・IoT導入シナリオ」は，以下の点に留意して分析します。AI・IoT導入シナリオを描く際に，新事業ドメインに対してはビジネスモデルキャンバス（BMC）の（1）顧客セグメント（CS：Customer Segments），（2）価値提案（VP：Value Propositions），（3）チャネル（CH：Channels），（4）顧客との関係（CR：Customer Relationships），（5）収益の流れ（RS：Revenue Streams），（6）主なリソース（KR：Key Resources），（7）主要活動（KA：Key Activities），（8）キーパートナー（KP：Key Partners），（9）コスト構造（CS：Cost Structure）の各視点の順に経営目標を達成するシナリオを描き記載します。

　AI・IoT導入シナリオ（BMC）は鳥の目，魚の目，虫の目，蝙蝠の目のすべてを使ってさまざまな角度から業務改善と経営改革の両面でのシナリオを決定します。

Ⅲ．課題解決策策定⑪実行計画書

　「Ⅲ．課題解決策策定⑪実行計画書」では，AI・IoTを代表とする最先端のデジタルツールを利活用して経営改革や業務改善を行う際の各部門（組織）の実行計画を明確にしていきます。

　AI・IoTツール導入に関する実行体制，実行スケジュール，実行予算，その他関係書類を明確にしていきます。これにより投資と効果を明確にできると同時に，実行体制と実行スケジュールにもとづき企業全体のプロジェクトとして推進していきます。また，AI・IoTツールのITベンダーに対しては，場合によりRFP（提案依頼書）を提示し，ITベンダーからの提案を受けて最終的にITベンダーを決定します。

●Ⅲ．課題解決策策定⑪実行計画書

 鳥の目の視点（企業全体を俯瞰して経営改革する視点）

実行体制・実行スケジュール・実行予算など				
実行体制 （役割・責任）				
実行 スケジュール		1月	2月	3月	4月
実行予算	○○○○○○○○○○○○○○○○○○○○○○○○○○○○○○○○○○○○○
調達方式	○○○○○○○○○○○○○○○○○○○○○○○○○○○○○○○○○○○○○

（実行体制図：プロジェクトオーナー／プロジェクトマネージャー／AIC／XXXXXX）

　「Ⅲ．課題解決策策定⑪実行計画書」は，以下の点に留意して分析します。

（1）最終的に実行体制に関する役割・責任を明確にしたうえで体制図として分析します。

（2）実行スケジュールは，導入する各ツール類や導入プロセスに関してスケジュール表を作成して分析します。

（3）実行予算は，各ツール毎のイニシャルコスト，アフターコスト等の費用に関して初年度と次年度以降に分けて分析します。社内で対応する場合でも外部の専門家（当協会認定資格者）などのアドバイスをもらうことが望ましいです。

（4）その他関連書類は，DX Processの各プロセスごとの成果物を分析します。

　実行計画書は，鳥の目で企業全体を俯瞰して何が重要か，何を優先すべきかを判断し，経営改革を行うする視点で捉えます。

IV．実行⑫ MONITORING&CONTROL
（データ捕捉と業務改善対策）

概要

　DX Processの最後は「IV．実行⑫ MONITORING&CONTROL（データ捕捉と業務改善対策）」です。実際にAI・IoTを代表とする最先端のデジタルツールを利活用して経営改革や業務改善を行う際の各部門（組織）の業務改善目標を決定した後，1か月毎，3か月毎，6か月毎，12か月毎など，AI・IoTツールを導入した結果を定期的にモニタリング＆コントロールして，補足情報，業務改善対策を明確にして対応を行います。

●IV．実行⑫ MONITORING&CONTROL（データ捕捉と業務改善対策）

鳥の目の視点（企業全体を俯瞰して経営改革する視点）
魚の目の視点（経営資源の流れを観察して業務改善する視点）
虫の目の視点（経営資源を直接見て業務改善する視点）
蝙蝠の目の視点（反対から物事を見て経営改善する視点）

AI・IoT導入シナリオ（データ捕捉と業務改善対策）

| 視点 | KPI（カッコ内はKGI） | | 捕捉状況 | 業務改善対策 | 担当部門 |
	指標	目標値			
財務の視点	○○○○○○○○○ ○○○○○○○○○ ○○○○○○○○○	○○○○○○○○ ○○○○○○○○ ○○○○○○○○	○○○○○○○○○○ ○○○○○○○○○○ ○○○○○○○○○○	○○○○○○○○○○○○○○ ○○○○○○○○○○○○○○ ○○○○○○○○○○○○○○	○○○
顧客の視点	○○○○○○○○○ ○○○○○○○○○	○○○○○○○○ ○○○○○○○○	○○○○○○○○○○ ○○○○○○○○○○	○○○○○○○○○○○○○○ ○○○○○○○○○○○○○○	○○○
業務プロセスの視点	○○○○○○○○○ ○○○○○○○○○ ○○○○○○○○○	○○○○○○○○ ○○○○○○○○ ○○○○○○○○	○○○○○○○○○○ ○○○○○○○○○○ ○○○○○○○○○○	○○○○○○○○○○○○○○ ○○○○○○○○○○○○○○ ○○○○○○○○○○○○○○	○○○ ○○○ ○○○
学習と成長の視点	○○○○○○○○○ ○○○○○○○○○ ○○○○○○○○○	○○○○○○○○ ○○○○○○○○ ○○○○○○○○	○○○○○○○○○○ ○○○○○○○○○○ ○○○○○○○○○○	○○○○○○○○○○○○○○ ○○○○○○○○○○○○○○ ○○○○○○○○○○○○○○	○○○ ○○○ ○○○

ポイント

　「IV．実行⑫ MONITORING&CONTROL（データ捕捉と業務改善対策）」では，以下の点に留意して分析します。
　（1）AI・IoTツール導入後，導入したAI・IoTを代表とする最先端のデジタルツールが最終的にどのように業務改善や経営改革に対するKGIとKPIに対して効果を発揮したかを総括し，捕捉状況を分析します。
　（2）捕捉状況に対して業務改善対策を分析します。
　（3）今後の業務改善テーマなどを決定しQC活動を進めるために再度，指標，目標値を設定し，スパイラルアップを目指します。
　データ捕捉と業務改善対策では鳥の目，魚の目，虫の目，蝙蝠の目のすべてを使ってさまざまな角度から業務改善と経営改革を繰り返し，経営目標を達成するように活動していきます。

85

第2節　ケーススタディ

ケーススタディ①

全体の前提条件

　本章「ケーススタディで学ぶDX Process」では，実際の中小企業のケースを用いて，各種フレームワークと共に解説していきます。

　まずはケーススタディ（①〜⑥）をご確認いただき，ご理解いただいたうえでDX Processの各プロセス毎の概要とポイントを読み進めていただければと思います。

　ここでは，読者の皆様がDX人材として，自社または支援先に対してDXを進めていく際の専門家的立場で対応しているという意識をもってご理解を深めていただければと思います。

ケーススタディの前提条件

　以下の与件文から「DX実行計画書」を作成してください。

　この場合，どのように「DX実行計画書」を作成するかを検討し，DX Processを活用して実際に実行計画書を策定してください。

　完成後は，DXの実現に向けての一歩を踏み出していただきたいと思います。なお，導入の際は，公的支援として費用の50％（最高500万円まで）の補助金を受けることができ，補助金額を含めると総額1,000万円（コンサル費用含む）での対応が可能です。

　ただし，活用できる情報は以下の情報のみです。DX専門家の貴方が一度訪問してまとめたものです。

企業概要

■企業名：レーザーワーク株式会社
■業種業態：製造業（金属曲げ加工）
■創業：1968年（昭和43年）6月，創業54年
■資本金：10,000千円
■経営理念：加工技術オンリーワン企業として世界への飛躍を目指す
■本社：埼玉県（役員，総務人事部，経理部，営業事務）
■工場：茨城県（営業部，製造部，品質管理部，資材調達部）
■従業員：33名（総務人事部：2名，経理部：1名，営業事務：2名，営業部：4名，製造部：20名，品質管理部：3名，資材調達部：1名　※代表取締役除く）
■正社員数：20名
■パート社員：13名（主に経理，営業事務，製造部に配属）
■情報システム担当：なし（品質管理部　土田氏兼務）
■その他：現社長（小林氏，男性）は2代目。年齢45歳と若手で大卒。中堅商社でサラリーマン経験あり。

ケーススタディ②

概要

【レーザーワーク社　貸借対照表（B/S）】

単位：千円

資産の部		負債の部	
科目	金額	科目	金額
（流動資産）	（452,950）	（流動負債）	（348,050）
現金・貯金	209,850	買掛金	289,020
商品	150,040	支払手形	59,030
売掛金	93,060	（固定負債）	（425,860）
（固定資産）	（808,880）	長期借入金	425,860
有形固定資産	796,680	負債合計	773,910
機械	787,650	純資産の部	
車両	9,030	資本金	10,000
無形固定資産	12,200	利益余剰金	1,087,920
ソフトウェア	12,200	純資産合計	1,187,920
資産合計	1,961,830	負債及び純資産合計	1,961,830

※小数点第2位四捨五入

【レーザーワーク社　損益計算書（P/L）】

単位：千円

科目	前期（20XX年度）		当期（20XX年度）※期中計算	
売上高		1,782,431		1,508,520
製造原価（売上原価）		1,429,808		1,228,362
粗利(売上総利益)		352,623		280,158
販売費および一般管理費		306,280		256,980
営業利益		46,343		23,178
受取利息	1,465		1,354	
雑収入	24	1,489	135	1,489
支払利息		12,677		12,566
経常利益		35,155		12,101
税引前当期純利益		35,155		12,101
法人税及び住民税等		14,062		4,840
当期純利益		21,093		7,261

※小数点第2位四捨五入

ケーススタディ③

概要

【経営分析指標】

収益性	・企業が儲かっているかどうかをチェックする。 ・どの程度の利益を上げているかだけでなく、収益力がどの程度であるか（＝企業が資本をいかに効率よく使って利益を上げているか）を見るもので、財務分析の中心的な着眼ポイント。
成長性	・企業の量的あるいは質的な発展度合いをチェックする。 ・簡単にいえば売上高が増加していれば成長しているように見えるが、そうした単純な見方だけではなく、実質的な成長を見ることがより重要。
安全性	・企業が倒産しないかどうかをチェックする。 ・倒産するというのは、資金不足により支払い不能の状態に陥ること。したがって、損益計算上の赤字あるいは黒字にかかわらず、資金が足りているかどうか、長期的および短期的に資金繰りが安全であるかどうかを見るもの。
生産性	・企業がいかに効率的に付加価値を生み出したかをチェックする。 ・労働力や設備などの経営資源の投入に対して、どれだけの付加価値を生み出したかを見る。なお、付加価値にはいくつかの算出方法があるが、簡単にいうと売上高から原価を差し引いたものを指す。

【経営分析結果（結論含む）】

収益性	・売上高営業利益率 ： 営業利益÷売上高×100 ＝20XX年：2.6%　20XX年：1.53%　※減少傾向 ・自己資本利益率（ROE） ： 経常利益÷自己資本×100＝1.2%　※低水準 ・総資産利益率（ROA） ： 当期純利益÷総資産×100＝0.4%　※低水準
成長性	・売上高伸長率 ： 当期売上高÷前期売上高×100＝84.6%　※減少傾向 ・営業利益伸長率 ： 当期営業利益÷前期営業利益×100＝50.0%　※減少傾向 ・経常利益伸長率 ： 当期経常利益÷前期経常利益×100＝34.4%　※減少傾向
安全性	・流動比率 ： 流動資産÷流動負債×100＝130.1%　※やや低い傾向 ・自己資本比率 ： 自己資本÷総資本×100＝60.6%　※良好
生産性	・総資本回転率 ： 売上高÷総資本＝0.76%　※効率性が悪い傾向 ・労働装備率：有形固定資産÷従業員数＝24,142（千円）※かなり低い傾向 ・一人当たりの売上高：＝売上高÷従業員数＝43,100（千円）※やや低い傾向

■結論：

会社全体の収益性、成長性、安全性の３つを向上させるには、現在の人員と設備で固定費を上げずにAI・IoTを代表とする最先端のデジタルツールを利活用し生産性の向上を図る必要がある。

※小数点第2位四捨五入

ケーススタディ④

概要

【現在の事業ドメイン（既存ビジネスの変革）】
■現在のターゲット：自動車関連部品製造業，建材機器関連製造業等
■現在のニーズ：特殊加工技術力，競争力のある加工技術，迅速丁寧な加工，現物合わせ，ポンチ絵での加工対応力
■現在のノウハウ：ベテラン工員の加工技術に支えられ現在まで経営ができていた。

【新事業ドメイン（新規ビジネスの創出）】
■今後のターゲット：医療機器関連製造業
■今後のニーズ：特殊加工技術力，競争力のある加工技術，迅速丁寧な加工，現物合わせ，ポンチ絵での加工対応力，顧客のニーズに迅速に対応できる高精度な加工技術と加工製品
■今後のノウハウ：高精度な加工機械（NC自動旋盤機）とIoT・AIを駆使した工程ライン，検査工程の再構築，ベテラン工員と一般技術者が融合できる加工プロセスの再構築，最終的には新しい顧客や市場を獲得できる独自の生産と販売のプロセスの融合。

【経営課題面】
■経営上の想い：
　レーザーワーク社の売上高は現在，年間15億円程度であるが，次年度は年間16.5億円，人の労働生産性および設備の稼働率を10％UP，営業利益率3％を達成したいと考えている。また1人当たり売上高を5,000万円以上にして生産性を向上したいと考えている。

■業務上の想い：
　社員の高齢化が進む中で，ベテラン工員の若手技術者への技術伝承がうまくいかず，企業全体の労働生産性が向上しない。残業が多く発生しており，人的な資源に課題を抱えている。
　また，設備の老朽化が進み，最新のNC自動旋盤機なども導入したが，どの程度稼働していて，生産性に貢献しているのか？ その他の生産設備と人の稼働の見える化が進んでいない状況である。
　次年度は人の労働生産性を今年度対比10％以上向上，さらに設備の稼働率も10％以上向上させたいと考えている。またコスト削減策として，残業時間を毎日1名当たり30分減らし，従業員の生活の安定化を図りたいと考えている。そのためのAI・IoTの導入やロボット化，またIT化も必要であると感じている。

ケーススタディ⑤

概要

【業務課題面】

■営業部　鈴木氏：

　取引先からトレーサビリティの管理を求められている。納期に関してもさらに1日程度短縮してほしいという要求がある。

■品質管理部　土田氏：

　一次検査工程を未熟練のパート中心に担当しているため，時間が掛かり労働生産性が低い。最終検査工程では品質をさらに向上し，コスト削減などの努力をしてほしいという要求がある。

　また，営業部や営業事務の見積書，請求書，指示書，納品書が製造部に情報提供されていないために生産管理システムと連携がとれず，すべては紙や口頭での管理と指示になっている。結果，ポカミスや人的ミスが増加傾向である。

■製造部　山田氏（工場長）：

　納期優先で営業部が受注をしているが，一次加工現場では段取り替えやチョコ停などが発生し，どの設備がどの程度稼働しているのか？また従業員別の稼働率管理もできていない。二次加工現場では手作業が多く，ベテラン工員のスキルをどのように若手に伝承すればよいかを悩んでいる。

　現時点では現場にAI・IoTやロボットは導入されていないが，今後は導入し，労働生産性向上を図りたいと考えている。

■製造部　木村氏：

　各工程の生産設備からの情報が収集できていない。結果，生産設備毎の稼働率などの集計はできていない。各種検査工程における検査はパートが行っており，時間と品質面で課題を抱えている。

※総務人事部，経理部，資材調達部，営業事務（営業部）に関しては今回のヒアリング対象外とした。

ケーススタディ⑥

概要

【特徴】

　金属板の「レーザー」「曲げ」「切削」「溶接」「表面処理」など複雑な金属加工を行っており，材料から加工，表面処理，完成品まで一貫して製作可能。高品質，短納期，低価格に対応できるよう設備の充実を図り，独自の生産管理システムを導入して対応している。

※加工図面がなくても，簡単なポンチ絵・現物合わせでも加工が可能。営業部がルートで製品（納品書付き）を配達しながら注文を取るスタイル。その他，関東近郊以外は午後便（宅配便）で全国に配送している。

【工作機器】

　NC自動旋盤2台（PLC：キーエンス社），レーザー加工機1台，レーザー複合機1台，ベンディングマシン5台，ロールベンダー3台，鋸盤（のこばん）1台，汎用旋盤2台，マルチ旋盤2台，スポット溶接機2台，3次元測定器1台，等

【製造業務フロー】

　受注→入庫・製造指示→一次加工→一次検査→二次加工→最終検査→出荷（納品）

※今回は営業納品

【IT環境】

　社内システム環境：生産管理システム（ACCESSデータベーススクラッチ開発システム），CAD，経理用システム（会計ソフト），見積書，請求書，指示書，納品書（EXCEL）

　AI・IoT導入状況：なし

【ネットワーク環境】

　Wi-Fi（構内パソコン環境で利活用），フィールドネットワーク（LAN100Mbps），WAN（茨城工場，埼玉VPNでの通信環境），通信プロトコルTCP/IP

【セキュリティ環境】

　ウイルス対策セキュリティソフトはすべてのPCとサーバーに利活用。入館時の設備に関するセキュリティ対策は本社，工場とも特段行っていない。

　ネットワーク通信に関するセキュリティは，Wi-Fiにはパスワードで暗号化通信を行っている。社員のセキュリティ教育などは行っておらず，情報セキュリティポリシーは特に無し。

第3節　サンプル解答事例

解答例①

（解答例はAIPA認定AIC阿部氏によるものである）

レーザーワーク株式会社　御中

生産現場の作業カイゼン全般に関する
DX実行計画書

20XX年××月××日

AI・IoTコンサルタント　阿部

一般社団法人 AI・IoT普及推進協会

①経営理念・経営者の想い

対象領域	内容
経営理念	加工技術オンリーワン企業として世界への飛躍を目指す
経営上の想い	【定量的】 ・年間16.5億の前年度10%UP ・営業利益率3%を達成する ・一人当たりの売上高を5000万以上とする
	【定性的】 ・売上、営業利益の減少を止めて売上高と粗利の向上を図りたい。
業務上の想い	【定量的】 ・生産性前年度10%向上する。 ・整備の稼働率も前年度10%向上する。 ・コスト削減として残業を毎日1名30分減少する。 【定性的】 ・社員の高齢化とベテラン社員の若手への技術伝承を行う。 ・会社全体の生産性が向上し、残業を減少する。 ・その他の生産設備と人の稼働の見える化を進める。 ・従業員の生活の安定化を図る。

一般社団法人 AI・IoT普及推進協会

解答例②

①経営理念・経営者の想い

	顧客は誰か？ （ターゲット）	何を欲しいのか？ （ニーズ）	どのような製品・サービスを提供できるか？ （ノウハウ）
現在の事業ドメイン （既存ビジネスの変革）	自動車関連部品製造業、建材機器関連製造業等	特殊加工技術力、競争力のある加工技術、迅速丁寧な加工、現物合わせ、ポンチ絵での加工対応力	ベテラン職人の加工技術に支えられ現在まで経営ができてきていた
新事業ドメイン （新規ビジネスの創出）	医療機器関連製造業	顧客のニーズに迅速に対応できる高精度な加工技術と加工製品	高精度な加工機械（NC自動旋盤機）とIoTやAIを駆使した工程ライン、検査工程の再構築、ベテラン職人と一般技術者が融合できる加工プロセスの再構築、最終的には新しい顧客や市場を獲得できる独自の生産と販売のプロセスの融合

※表記内容補足：新事業ドメイン（新規ビジネスの創出）に関しては現在の事業ドメイン（既存ビジネスの変革）以外の新規ビジネス創出を記載をしている。実際は既存と新規ビジネス双方に対応する。

一般社団法人 **AI・IoT普及推進協会**

②経営目標

単位：千円

指標	前期（2020年度）	当期（2021年度）	来期（2022年度）
売上高	¥1,782,431.-（千円）	¥1,508,520.-（千円）	¥1,650,000.-（千円） （一人当たり5000万） （対前年110%）
粗利(売上総利益)	¥352,623.-（千円）	¥280,158.-（千円）	¥338,250.-（千円）
売上総利益率	19.8%	18.6%	20.5% （対前年110%）
営業利益	¥46,343.-（千円）	¥23,080.-（千円）	¥49,500.-（千円）
営業利益率	2.6%	1.5%	3.0%

小数点第2位四捨五入

一般社団法人 **AI・IoT普及推進協会**

解答例③

③業務改善目標

各種部門（組織）	内容
営業部	トレサビリティの管理（製造管理厳格化） 納期短縮化（1日程度納期短縮）
製造部	コスト削減（残業コスト削減、作業時間短縮） 生産性向上（設備と人の稼働状況把握と改善） 品質向上（若手への技術伝承） 納期短縮化（リードタイム削減、チョコ停削減）
品質管理部	品質の向上（検査工程の品質向上） 生産性向上（検査工程の作業向上）

一般社団法人 AI・IoT普及推進協会

④課題一覧表

対象領域【生産現場の作業カイゼン全般】

NO	業務課題	課題内容	記載日	部門	発言者
1	トレーサビリティ管理	● 取引先からの要求 ● 各工程の生産設備より情報収集ができていない。生産設備毎の稼働率などの集計ができていない。	9/14	営業部	鈴木
2	納期短縮化	● 1日程度短納期への要求 ● 一次加工では段取り替えやチョコ停が発生しどの設備がどの程度の稼働率か把握できてない。	9/14	営業部 製造部	鈴木 山田
3	生産性向上	● 一次検査工程が未熟練のパート中心のため時間が掛かり生産性が低い ● 営業と製造部の情報共有ができておらず全て紙や口頭となっていることでポカミスや人的ミスが増加傾向	9/14	製造部 品質管理部	山田・木村 土田
4	品質向上	● 最終検査工程での更なる品質向上 ● 二次加工現場では手作業が多くベテランのスキルを若手に技術伝承ができていない。	9/14	製造部 品質管理部	山田 土田
5	コスト削減	● 取引先からの要求	9/14	営業部 品質管理部	鈴木 土田

一般社団法人 AI・IoT普及推進協会

解答例④

⑤AS-IS版業務フロー

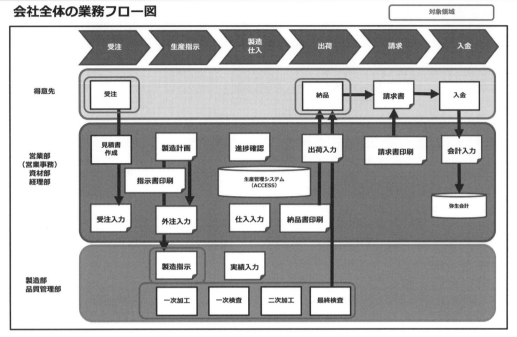

⑤AS-IS版業務フロー

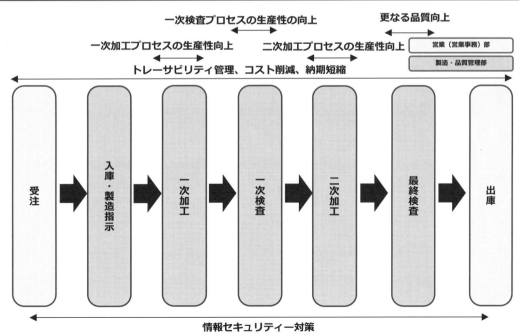

解答例⑤

⑥AS-IS版システムマップ

【分析する（A領域）】

NO	技術構成	内容	記載日	部門	発言者
1	生産管理システム	オリジナルスクラッチ開発	8/19	品質管理	土田

【貯める（B領域）】

NO	技術構成	内容	記載日	部門	発言者
1	生産管理システム	Accessデータベース（オンプレミス）	8/19	品質管理	土田

【収集する（I領域）】

NO	技術構成	内容	記載日	部門	発言者
1	PLC	キーエンス社製PLC導入済み	8/19	品質管理	土田
2	Wi-fi	構内のパソコン環境で利用	8/19	品質管理	土田
3	フィールドネットワーク	構内のLANは100Mbpsで導入	8/19	品質管理	土田
4	WAN	工場（茨城）と事務所（埼玉）はVPNでのWANで利用	8/20	品質管理	土田
5	通信プロトコル	TCP／IP	8/21	品質管理	土田

【守る（S領域）】

NO	技術構成	内容	記載日	部門	発言者
1	ウイルス対策ソフト	校内のパソコンとサーバー用で利用	9/12	品質管理	土田
2	Wi-fi暗号化通信	Wi-fiの通信は暗号化で利用	9/12	品質管理	土田

一般社団法人 AI・IoT普及推進協会

⑥AS-IS版システムマップ

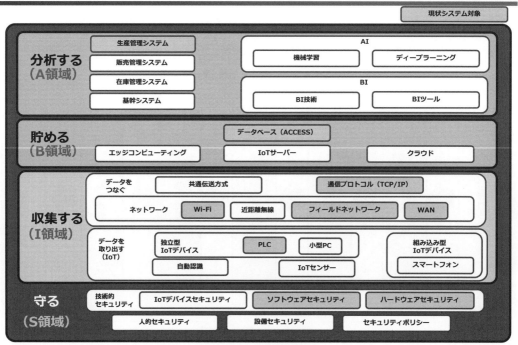

一般社団法人 AI・IoT普及推進協会

解答例⑥

⑦課題解決実施一覧表

対象領域【生産現場の作業カイゼン全般】

NO	業務課題	課題内容	改善実施策	記載日	部門	発言者
1	トレーサビリティ管理	● 取引先からの要求 ● 各工程の生産設備より情報収集ができていない。生産設備毎の稼働率などの集計ができていない。	● 生産設備毎の稼働率の集計のためにIoTセンサーを取り付け設備の稼働率の情報を収集し分析することでトレーサビリティの管理の遵守を行う。	10/10	AIC	阿部
2	納期短縮化	● 1日程度短納期への要求 ● 一次加工では段取り替えやチョコ停が発生しどの設備がどの程度の稼働率か把握できてない。	● 生産設備毎の稼働率の集計のためにIoTセンサーを取り付け設備の稼働率の情報を収集し分析することでトレーサビリティの管理の遵守を行う。	10/12	AIC	阿部
3	生産性向上	● 一次検査工程が未熟練のパート中心のため時間が掛かり生産性が低い ● 営業と製造部の情報共有ができておらず全て紙や口頭となっていることでポカミスや人的ミスが増加傾向	● 生産管理システムのACCESSデータベースをOpen化（WEB化）を行いクラウド環境に保存。営業と製造部共にスマホやタブレットでも情報を共有化し閲覧が可能な状況にする。 ● 工場内にモニターを配置し、情報共有が必要な情報を公開する。	10/12 10/15	AIC	阿部
4	品質向上	● 最終検査工程での更なる品質向上 ● 二次加工現場では手作業が多くベテランのスキルを若手に技術伝承ができていない。	● カメラセンサーと稼働率の集計のためのIoTセンサーにより稼働状況を分析し、ベテランの検査工程と未熟練のパートーとの違いを分析しマニュアル化を行う。	10/15	AIC	阿部
5	コスト削減	● 取引先からの要求	● 原則は上記の施策を実施することでコスト削減要求には対応せずに生産性を向上し、残業代を削減することで万が一のコスト削減要求にも耐えられる企業体質にする。	10/20	AIC	阿部

一般社団法人 AI・IoT普及推進協会

⑧TO-BE版システムマップ

			AI・IoTツール導入

【分析する（A領域）】

NO	技術構成	内容	記載日	部門	発言者
1	生産管理システム	オリジナルスクラッチ開発（SQLマイグレーション＋機能拡張）	11/15	AIC	阿部
2	稼働監視システム	IoT可視化ソフトウェア（スリーアップテクノロジー）	11/15	AIC	阿部
3	ioTerrace	画像分析ソフトウェア（NagasakaIoTSolutions）	11/15	AIC	阿部

【貯める（B領域）】

NO	技術構成	内容	記載日	部門	発言者
1	生産管理システム	SQLAzuruデータベース（Microsoft）	11/15	品質管理	土田
2	稼働監視システム	SAKURA Internet（スリーアップテクノロジー）	11/15	AIC	阿部
3	ioTerrace	画像分析ソフトウェア（NagasakaIoTSolutions）	11/15	AIC	阿部

【収集する（I領域）】

NO	技術構成	内容	記載日	部門	発言者
1	PLC	キーエンス社製PLC導入済み	8/19	品質管理	土田
2	Wi-fi	構内のパソコン環境で利用	8/19	品質管理	土田
3	フィールドネットワーク	構内のLANは100Mbpsで導入	8/19	品質管理	土田
4	WAN	工場（茨城）と事務所（埼玉）はVPNでのWANで利用	8/20	品質管理	土田
5	通信プロトコル	TCP／IP	8/21	品質管理	土田
6	稼働監視システム	IoTセンサー（スリーアップテクノロジー）	11/15	AIC	阿部
7	ioTerrace	カメラ	11/15	AIC	阿部

【守る（S領域）】

NO	技術構成	内容	記載日	部門	発言者
1	ウイルス対策ソフト	校内のパソコンとサーバー用で利用	9/12	品質管理	土田
2	Wi-fi暗号化通信	Wi-fiの通信は暗号化で利用	9/12	品質管理	土田
3	人的セキュリティ	セキュリティに関する教育の実施	11/15	AIC	阿部
4	設備セキュリティ	事務所、工場にセキュリティロックを利用	11/15	AIC	阿部

一般社団法人 AI・IoT普及推進協会

解答例⑦

⑧TO-BE版システムマップ

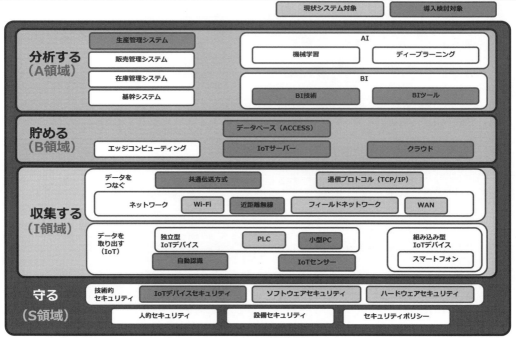

現状システム対象　　導入検討対象

分析する（A領域）
- 生産管理システム
- 販売管理システム
- 在庫管理システム
- 基幹システム

AI
- 機械学習
- ディープラーニング

BI
- BI技術
- BIツール

貯める（B領域）
- エッジコンピューティング
- データベース（ACCESS）
- IoTサーバー
- クラウド

収集する（I領域）
- データをつなぐ：共通伝送方式／通信プロトコル（TCP/IP）
- ネットワーク　Wi-Fi　近距離無線　フィールドネットワーク　WAN
- データを取り出す（IoT）：独立型IoTデバイス　PLC　小型PC　組み込み型IoTデバイス
- 自動認識　IoTセンサー　スマートフォン

守る（S領域）
- 技術的セキュリティ：IoTデバイスセキュリティ　ソフトウェアセキュリティ　ハードウェアセキュリティ
- 人的セキュリティ　設備セキュリティ　セキュリティポリシー

一般社団法人 AI・IoT普及推進協会

⑧TO-BE版システムマップ

■対象領域【生産現場の作業カイゼン全般】

技術構成	内容	記載日	部門	発言者
設備稼働監視システム	IoT可視化ソフトウェア（スリーアップテクノロジー）	11/15	AIC	阿部
	SAKURA Internet（スリーアップテクノロジー）	11/15	AIC	阿部
	IoTセンサーモジュール（スリーアップテクノロジー）	11/15	AIC	阿部

（例）■スリーアップテクノロジー　設備稼働監視システム

クラウド　IoTセンサー　IoTサーバー　BI技術　BIツール

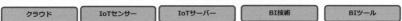

設備稼働監視システム 概要

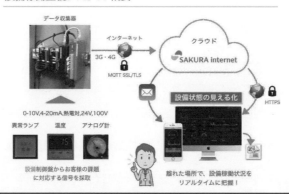

データ収集器
インターネット　3G・4G　MQTT SSL/TLS
クラウド　SAKURA internet
設備状態の見える化
HTTPS

0-10V,4-20mA,熱電対,24V,100V
異常ランプ　温度　アナログ計

設備制御盤からお客様の課題に対応する信号を採取

離れた場所で、設備稼働状況をリアルタイムに把握！

IoTデバイスセキュリティ

一般社団法人 AI・IoT普及推進協会

解答例⑧

⑧TO-BE版システムマップ

■対象領域【生産現場の作業カイゼン全般】

技術構成	内容	記載日	部門	発言者
生産管理システム	SQLAzuruデータベース（Microsoft）	11/15	品質管理	土田

（例）■Microsoft SQL Azure

生産管理 システム	データベース （ACCESS）	クラウド

■TVモニター＋小型PC

小型PC	BI技術

＋

一般社団法人 **AI・IoT普及推進協会**

---

⑧TO-BE版システムマップ

■対象領域【生産現場の作業カイゼン全般】

技術構成	内容	記載日	部門	発言者
ioTerrace	画像分析ソフトウェア（NagasakaIoTSolutions）	11/15	AIC	阿部
	カメラ	11/15	AIC	阿部

（例）■Nagasaka IoT solutions ioTerrace

近距離無線	共通伝送方式	BI技術	IoTデバイスセキュリティ

見た目は普通のLED照明
実はIoT製品です
イオテラス
ioTerrace 商標登録済

映像IoT時代のハイブリッドIoTデバイスシステム
小型カメラ、Wi-Fi無線内蔵 LED照明システム

角度調整機能付き
高精細小型カメラ

Wi-Fi
2.4GHZ/5GHZ対応

一般社団法人 **AI・IoT普及推進協会**

解答例⑨

⑨TO-BE版業務フロー

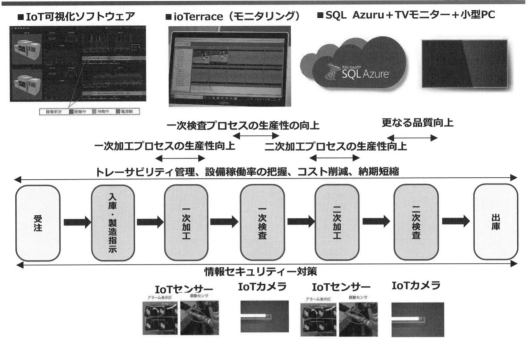

一般社団法人 AI・IoT普及推進協会

⑩AI・IoT導入シナリオ（BSC）

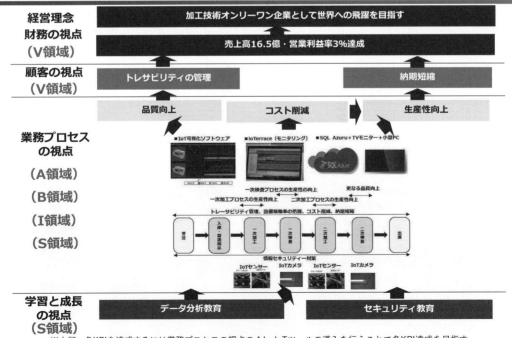

解答例⑩

⑩AI・IoT導入シナリオ（BSC）

AI・IoT導入シナリオ				
視点	KPI（カッコ内はKGI）		KGI及びKPIを達成させる実行項目・達成時期	担当部門
	指標	目標値		
財務の視点	売上高（KGI）	16.5億円	AI・IoTによるDXを実現することで、一人当たりの生産性を向上させ、経営目標を達成する/1年後	全社
	営業利益率（KGI）	3%		
顧客の視点	トレサビリティの管理	98%以上	製品に対する品質向上による満足度向上/1.0年後	営業部
	納期短縮化	1日以上/製品毎		
業務プロセスの視点	品質向上	90%以上	若手への技術伝承及び検査工程の品質向上/1.0年後	製造部 品質管理部
	生産性向上	10%向上	設備と人の稼働状況把握と改善/検査工程の作業向上/1.0年後	
	コスト削減	1人30分残業削減	残業コスト削減、作業時間短縮/1.0年後	
学習と成長の視点	データ分析教育	データ教育/月1回	各種IoTセンサーからの情報を分析できるようにデータ分析を毎月1回毎社内で行う勉強会を開催/1.0ヶ月毎	全社
	セキュリティ教育	セキュリティ教育/年2回	各種IoTセンサー等から情報漏洩等にならないようにセキュリティ教育を半年に1回行う/1.0年後	

※上記、各KPIを達成するには業務プロセスの視点のAI・IoTツールの導入を行うことで達成を目指す。

⑩AI・IoT導入シナリオ（BMC）

KP キーパートナー	KA 主要活動	VP 価値提案	CR 顧客との関係	CS 顧客セグメント
IoTを利活用してパートナー工場との連携 医療機器関連商社と連携しAIを駆使して最適な在庫数と販売数量を適正化	高精度な加工機械（NC自動旋盤機）とIoTやAIを駆使した工程ライン、検査工程の再構築、ベテラン職人と一般技術者が融合できる加工プロセスの再構築、最終的には新しい顧客や市場を獲得できる独自の生産と販売のプロセスの融合	顧客のニーズに迅速に対応できる高精度な加工技術と加工製品	IoTを利活用してお客様の製造工程の状況の可視化を行う。 在庫情報などを可視化し、発注方法を電子発注などを行う。	自動車関連部品製造業 建材機器関連製造業等 医療機器関連製造業
	KR 主なリソース 内部留保資金 ベテラン職人		**CH チャネル** Webサイト 医療機器販売商社	

CS コスト構造	RS 収益の流れ
Webサイト費用 AI・IoT導入費用 データ分析社内教育費用	高齢化社会に対応する、医療関係に関する製品

解答例⑪

⑪実行計画書

実行体制・実行スケジュール・実行予算など	
実行体制 （役割・責任）	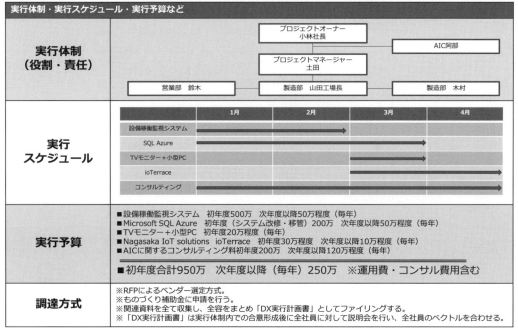
実行 スケジュール	（上記図内：スケジュール表）
実行予算	■設備稼働監視システム　初年度500万　次年度以降50万程度（毎年） ■Microsoft SQL Azure　初年度（システム改修・移管）200万　次年度以降50万程度（毎年） ■TVモニター＋小型PC　初年度20万程度（毎年） ■Nagasaka IoT solutions ioTerrace　初年度30万程度　次年度以降10万程度（毎年） ■AICに関するコンサルティング料初年度200万　次年度以降120万程度（毎年） ■初年度合計950万　次年度以降（毎年）250万　※運用費・コンサル費用含む
調達方式	※RFPによるベンダー選定方式。 ※ものづくり補助金に申請を行う。 ※関連資料を全て収集し、全容をまとめ「DX実行計画書」としてファイリングする。 ※「DX実行計画書」は実行体制内での合意形成後に全社員に対して説明会を行い、全社員のベクトルを合わせる。

一般社団法人 AI・IoT普及推進協会

---

⑫データ捕捉と業務改善対策

AI・IoT導入シナリオ（データ捕捉と業務改善対策）

視点	KPI（カッコ内はKGI） 指標	目標値	捕捉状況（期末後）	業務改善対策	担当部門
財務の視点	売上高（KGI） 営業利益率（KGI）	16.5億円 3%	17.5億円（106%向上） 3.6%（120%向上）	各種IoTセンサー導入やシステムの全社員共有化による製造の業務フローの全体最適化が進んだことで生産リードタイムの向上、チョコ停時間削減などのAI・IoT化によるDX効果が出た。	全社
顧客の視点	トレサビリティの管理 納期短縮化	98%以上 1日以上/製品毎	90%以上 0.5日以上/製品毎	トレサビリティの管理では90%以上だったが未達、今後もQCDの観点でトレサビリティの管理の充足を目指す/ 納期短縮を行うために現場の時間の可視化を行い改善を行ったがまだ効果は0.5日短縮のため継続していく	営業部 製造部
業務プロセスの視点	品質向上 生産性向上 コスト削減	90%以上 10%向上 1人30分残業削減	85%以上 12%向上 1日36分残業削減	検査行程における検品で作業の標準マニュアルを作成し教育を行った結果85%まで品質が向上、残り5%以上の品質向上を目指す。 設備と人の稼働状況把握と改善/検査工程の作業向上により全体の12%向上 作業標準化と機械の稼働率把握により全ラインのサイクルタイムの改善を行い残業が減少した。	製造部 製造部
学習と成長の視点	データ分析教育 セキュリティ教育	データ教育/月1回 セキュリティ教育/年2回	データ教育/月0.5回 セキュリティ教育/年1回	各種IoTセンサーからの情報を分析できるようにデータ分析は隔月1回程度での勉強会であったがその他、製造部個別に改善会議が進んだことで業務プロセスの改善がされた。/ 情報漏洩等にならないようにセキュリティ教育を年に1回のみであったが重大な事故なども起こらずに運営は安定している。	製造部 全社

一般社団法人 AI・IoT普及推進協会

第4節　AI・IoT普及推進大賞最優秀賞受賞企業事例

AI・IoT普及推進大賞について

概要

　わが国の中小企業に向けてAI・IoT普及推進の取り組みを行っている当協会では，AI・IoTを利活用し，DX実現により業務改善と経営改革を進めている中小企業に対し，「AI・IoT普及推進大賞」の認定を行っております。

　当該企業につきましては当協会認定のDX企業とし，事例集での一般公開や当協会の認定資格者への展開なども行っております。

　本書での事例に関しては，最優秀賞企業の1社である武州工業株式会社様を取り上げてご紹介いたします。

●AI・IoT普及推進大賞ロゴ，大賞賞状

ポイント

　実際の中小企業のDX成功事例を分析していくと，①経営資源の最適化と②企業内部のバリューチェーン最適化，そして③企業間連携による産業のバリューチェーン最適化を，AI・IoTを代表とする最先端のデジタルツールを使って経営者自ら率先し推進している企業であることがわかります。本事例もそのような中小企業の代表的なDX事例となります。

事例企業：武州工業株式会社様DX事例紹介①

※本事例のDX Processは抜粋でご紹介しています。
※2022年4月時点の状況です。

概要

- ■企業名：武州工業株式会社
- ■業種業態：製造業（金属製品加工）
- ■創業：1951年（昭和26年）12月
- ■資本金：40.000千円
- ■経営理念：モノづくりで世の中の課題にチャレンジし続ける会社
  〜誰もやっていないことを具現化する〜
- ■本社：東京都青梅市
- ■従業員：150名
- ■表彰受賞歴

2015年	攻めのIT経営100選
2016年	多摩グリーン賞
2016年	日刊工業地域貢献者賞
2016年	はばたく中小企業300
2017年	多摩ブルー賞　関東経済産業局長賞
2017年	第7回「日本でいちばん大切にしたい会社」大賞審査委員会特別賞
2018年	地域未来牽引企業選定 スマートファクトリージャパン選定 東京都中小企業振興公社功労賞 東京都産業振興功労者賞 東京都中小企業技能人材育成大賞
2021年	AI・IoT普及推進大賞　最優秀賞

AI・IoT普及推進大賞
最優秀賞企業

本社工場

村山倉庫

新町サテライト工場

代表取締役会長　林英夫

代表取締役社長　林英徳

事例企業：武州工業株式会社様DX事例紹介②

経営課題面

①自動車産業は半導体不足やコロナ禍での需要減少の影響でコロナ前の80％程度の回復となっている。今後のEV化の進展により長期的には伸びは期待できないと考えられる。

②医療機器の伸びは今後期待できるが，自動車はEV化にともない減産傾向にある。自動車のボリュームが減らないうちに他分野の半導体製造装置向けの電源装置製造に事業の再構築を図っていく。

③新たな事業として，2020年度より半導体製造装置向け電源装置のトランスに強みを持つ企業と連携して電源装置の筐体製造，ワイヤーハーネス組立，機器組み込みに取り組んでおり，さらに強化を図る。

④企業間連携の取り組みととして，ICTを使った工程進捗の連携を進めている。

⑤自動車向けパイプ製品についてはカメラ付きロボット等により無人化を進めている。また，人による目視検査工程に人員の2割が充てられており，省人化を阻んでいる。

事業の特徴

①独自の生産体制「一個流し生産」を行いLCC（ローコストカントリー）価格を実現，国内生産で競争力のあるモノづくりを実現している

②1998年よりBIMMS（ビムス）と呼ぶ生産管理システムを内製化により進めている。

③「生産性見えた君」アプリ開発等，アジャイル開発により一個流し生産を支えている。

④ロボットによる無人化装置，画像寸法測定装置，AIを使った画像検査装置等を社内で開発して現場に投入し，外販も始めている。

⑤プログラミングできる人材の育成に取り組み，現在5名の人員がエバンジェリストとして現場のIT化を推進している。

設備・機器・店舗・施設などの設備

①NCパイプ曲げ加工機　　　　　　50台
②パイプ端末加工機　　　　　　　100台
③レーザーパンチ複合機・ベンダー　3台
④溶接装置　　　　　　　　　　　　20台
⑤ロボット溶接機　　　　　　　　　7台
⑥レーザー加工機　　　　　　　　　20台
　　　　　　　　　　（内製機器15台）
⑦画像寸法測定装置　　　　　　　　6台
⑧AI画像検査装置　　　　　　　　　3台
⑨ラズベリーパイ等のIoT機器　　　80台
⑩生産管理用タブレット端末　　　160台

事例企業：武州工業株式会社様DX事例紹介③

事業展開方針

【現在までの事業展開方針（現在の事業ドメイン）】
■現在の顧客：自動車向け金属パイプ製品50％，医療機器向けパイプ製品45％，その他5％
■現在のニーズ：国内生産でLCC価格（ローコストカントリー価格）を実現している。
■現在のノウハウ：「一個流し生産」と呼ぶ独自の生産体制により55年間黒字経営を実現している。

【今後の展開方針（新事業ドメイン）】
■今後の顧客：自動車・医療機器の他，半導体製造装置向け板金筐体の製造
■今後のニーズ：半導体製造装置の電源装置を筐体製作からワイヤーハーネス製作，機器組み込みまで一貫生産を目指す。
■今後のノウハウ：今までなかった半導体製造装置向け電源装置の製造で，自動車・医療・半導体の異分野の製品を製造，相互補完を行う。

●①経営理念・経営者の想い

 鳥の目の視点（企業全体を俯瞰して経営改革する視点）

	顧客は誰か？ （ターゲット）	何を欲しいのか？ （ニーズ）	どのような製品・サービスを提供できるか？ （ノウハウ）
現在の事業ドメイン （既存ビジネスの変革）	自動車向け金属パイプ製品５０％医療機器向けパイプ製品４５％	国内生産でLCC価格（ローコストカントリー価格）を実現している。	「一個流し生産」と呼ぶ独自の生産体制により55年間黒字経営を実現している。
新事業ドメイン （新規ビジネスの創出）	自動車・医療機器の他、半導体製造装置向け板金筐体の製造	半導体製造装置の電源装置を筐体製作からワイヤーハーネス製作 機器組み込みまで一貫生産を目指す。	今までなかった半導体製造装置向け電源装置の製造で、自動車・医療・半導体の異なる分野の製品を製造、相互補完を行う。

※表記内容補足：新事業ドメイン（新規ビジネスの創出）に関しては現在の事業ドメイン（既存ビジネスの変革）以外の新規ビジネス創出を記載をしている。実際は既存と新規ビジネス双方に対応する。

事例企業：武州工業株式会社様DX事例紹介④

●⑤As-Is版業務フロー

魚の目の視点（経営資源の流れを観察して業務改善する視点）
虫の目の視点（経営資源を直接見て業務改善する視点）

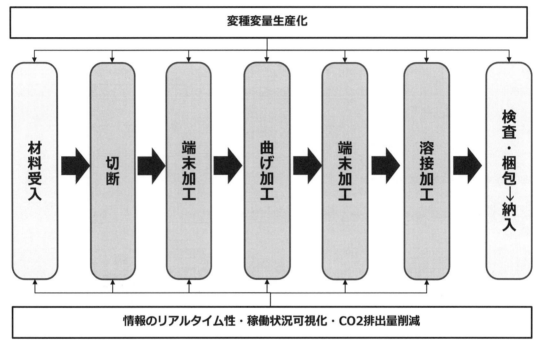

IT環境

①受発注管理システム（SQLServer2019をDBとし，Accessを入出力インターフェースとした
C/Sシステム）

②生産管理システム「BIMMS」を内製化。①の情報を現場にリアルタイムに届け，生産実績
の収集と分析，納品管理までを行うWebベースシステム

③RaspberryPiやArduinoと各生産設備を接続し，設備稼働率・稼働状況を可視化するIoTツー
ルで可視化。利活用時の電力を計測し，CO_2排出量を可視化するシステム「CO_2見え太君」
を開発し，SDGsにも貢献。

④パイプ外観検査の自動化を目的とした，AI検品装置を内製化。作業員の検査スキル・体調・
忖度に左右されない客観的な検査を実現。

⑤パイプ径自動判定装置，パイプ自動切断機，出荷管理ツールなど，局所的な作業効率化のた
めにもIoTツールやICTシステムを内製化し積極的に展開。

事例企業：武州工業株式会社様DX事例紹介⑤

ネットワーク環境

①Wi-Fiを工場内隅々に設置し（社内に30台設置）ネットワーク不感地帯をなくした。
②ローカル5Gシステムを2022年度末までに稼働予定。
③有線LANもすべて1Gbp対応とした。
④社内ネットワークセグメントを適切に分け，間接部門・生産部門それぞれに必要な通信がスムーズに流れるよう，ルーティングを設計した。
⑤青梅工場－新町工場間をVPNで接続，シームレスな情報のやり取りを可能にした。

セキュリティ環境

①社用PC・タブレット全数にセキュリティソフトを導入。
②インターネット出入り口にUTMを設置し，不審な通信を遮断。
③2020年度よりADサーバーを導入し，Workgroup環境からの移行を進めている。移行完了時において，各サーバーへのアクセス管理を一元的に行える。
④社外持ち出しするPCには使用状況遠隔監視ソフトを導入。
⑤2021年度中にセキュリティポリシーを策定。

●⑥As-Is版システムマップ

魚の目の視点（経営資源の流れを観察して業務改善する視点）
虫の目の視点（経営資源を直接見て業務改善する視点）

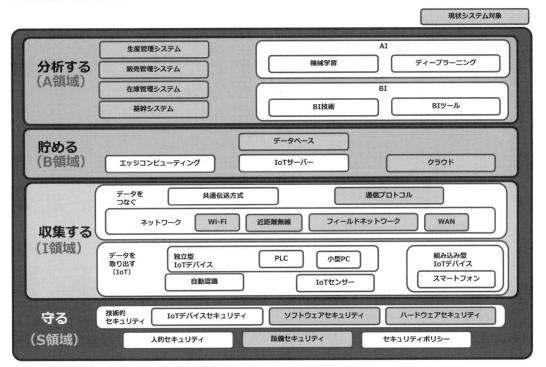

事例企業：武州工業株式会社様DX事例紹介⑥

課題解決実施①

①業務課題：変種変量生産化

②課題内容：現場がスピード感のある「一個流し生産」による変種変量生産を行っているため，既存の生産管理システムのウオーターフォール型開発では変化に対応できない。

③改善実施策：プログラマーを採用し現場研修を3年間実施，現場の職長レベルの管理ができるようになった後，内製によるアジャイル開発を進めている。

　1996年にはインターネットプロバイダー事業を展開し，WEB開発による生産管理システムの構築を進めた。

　2010年にタブレット端末が発売されるとWEB版の利点が効果的に寄与するとして，一人1台の端末環境を構築し，労働生産性向上に寄与した。

課題解決実施②

①業務課題：情報のリアルタイム性

②課題内容：紙ベースの生産管理では仕事の流れが見えず，ボトルネック等の改善のための情報がタイムリーにわからない。

③改善実施策：日々の生産の進捗情報を仕事の流れに沿って最小限のデータ入力で見える化するために，コンビニエンスストアのPOSシステムと同様の管理システムで仕掛品の流れに沿った情報入力を進める。

　「日々決算」の実現を目的に「製造業版POSシステム」を目指して内製化によるアジャイル開発を進めている。

課題解決実施③

①業務課題：リードタイム短縮

②課題内容：材料・部品の発注，倉入れは購買部による月次発注，出庫は現場からの依頼書により購買部で行っていた。そのため製造と購買の意思疎通ができずに過剰在庫や欠品が発生し，変種変量の生産には適合しなかった。

③改善実施策：富山の置き薬のように現場の出庫による情報を現場担当者が入力，BIMMSで自動集計，毎日午後4時に定時メール送信機能で在庫量を協力メーカーにプッシュ送信，在庫量の共有化により双方にメリットがあった。

課題解決実施④

①業務課題：稼働状況可視化

②課題内容：現場の設備の稼働状況は日報により紙ベースで管理していたため，集計が必要となり機能的ではなかった。このためせっかくの情報が活用できなかった。

③改善実施策：スマホの3軸センサーの情報を利活用し，機械の動作から稼働状況を自動的に把握して見える化，作業者がその場で停止時間と停止理由を入力することで改善につなげ，労働生産性が20％向上した。

事例企業：武州工業株式会社様DX事例紹介⑦

課題解決実施⑤

①業務課題：CO₂排出量可視化

②課題内容：製造業は企業活動においてCO₂を排出し環境負荷をかけている。2050年排出量実質ゼロに向けて，排出量を明確にして見える化することがCO₂排出削減につながる。

③改善実施策：Raspberry Piと電流センサーを使用量の多い設備に設置して電流量を把握しCO₂量に換算，NODE-REDを利活用して統合画面表示をしている。また温度センサー情報も収集し，部署ごとの標準化に利活用している。

●⑦課題解決策実施一覧表

魚の目の視点（経営資源の流れを観察して業務改善する視点）
虫の目の視点（経営資源を直接見て業務改善する視点）
蝙蝠の目の視点（反対から物事を見て経営改革する視点）

NO	業務課題	課題内容	改善実施策	記載日	部門	発言者
1	変種変量生産化	現場の改善がスピード感ある「一個流し生産」による変種変量生産を行っているため、既存の生産管理システムのウオーターフォール型開発では変化に対応が出来ない。	社内にプログラマーを採用し現場研修期間を3年間実施、現場の職長レベルの管理が出来るようになってから、内製によるアジャイル開発を進めている。1996年にはインターネットプロバイダー事業を展開WEB開発による生産管理システムの構築を進めた。2010年タブレット端末が発売されWEB版の利点が効果的に寄与して、全員に展開され、一人1台の環境が構築でき、生産性向上に寄与した。	XX月XX	会長	林
2	情報のリアルタイム性	紙ベースの生産管理では仕事の流れが見えずにボトルネック等の改善のための情報がタイムリーに分からない。	日々の生産の進捗情報を仕事の流れに沿って最小限のデータ入力で見える化するために、コンビニエンスストアのPOSシステムと同様の管理システムを製造業で実現するために仕掛品の流れに沿った情報入力を進める。「日々決算」出来る事を目的に「製造業版POSシステム」を目指して内製化によるアジャイル開発を進めている。	XX月XX	会長	林
3	リードタイム短縮	材料・部品の発注、倉入れは購買部による月次発注、出庫は現場からの依頼書により購買部で行っていた。これでは製造と購買の意思疎通が出来ずに過剰在庫や欠品を起こし、変種変量の生産には合わなかった。	富山の置き薬のように現場の出庫による情報を現場担当者が入力BIMMSで自動集計毎日4時に定時メール送信機能で在庫量を協力メーカー にプッシュ送信、在庫量の共有化により双方にメリットがあった。	XX月XX	会長	林
4	稼働状況可視化	現場の設備の稼働状況は日報により紙ベースで管理していたため、集計が必要となり機能的ではなかった。このためせっかくの情報が活用できなかった。	スマートフォンの3軸センサーの情報を利用して稼働状況を機械の動作から自動的に把握し見える化、停止理由を作業者がその場で入力に停止時間と停止理由につなげ20%の生産性向上につながった。	XX月XX	会長	林
5	CO2排出量削減	製造業はCO2を排出して環境負荷をかけて企業活動をしている。2050年排出量実質ゼロに向けて、排出量を明確にして見える化することが削減につながる。	RaspberryPiとArduinoと電流センサーセンサーを使用量の多い設備に設置して電流量を把握、CO2量に換算してNODE-REDを利用して統合画面表示をしている。また温度センサー情報も収集、部署ごとの標準化に利用している	XX月XX	会長	林

事例企業：武州工業株式会社様DX事例紹介⑧

To-Be版システムマップ（システムマップ）

①IoT（I領域）：Raspberry Pi，Arduino，スティック型コンピュータといった小型・低廉のコンピュータと各種センサ，生産設備を接続し，設備稼働状況や製品の状態を収集。スマートフォン上で動作するWebベースの簡易情報入力ツールの積極活用。

②BIG DATA（B領域）：エッジコンピュータに内蔵される簡易DB（SQLiteやCSV，JSON形式）へ一時データを格納，各種トリガー（時刻や動作など）によってオンプレミスDBサーバー（SQLServer2019およびMySQL）への格納。

③AI（A領域）：BIツールによる分析，EXCELによるクロス集計やピボットテーブル，ピボットグラフによるデータの可視化。

④SECURITY（S領域）：IoT機器，サーバー問わず最低限の権限上でのプログラムの動作。データベースへのアクセスログ監視とリードオンリーメディアへのバックアップ。

●⑧To-Be版システムマップ

魚の目の視点（経営資源の流れを観察して業務改善する視点）
虫の目の視点（経営資源を直接見て業務改善する視点）

【分析する（A領域）】

NO	技術構成	内容	記載日	部門	発言者
1	受発注管理システム	SQLServer2019をDBとし，Accessを入出力インターフェースとしたC/Sシステム	XX/XX	情報システム	町田
2	生産管理システム	「BIMMS」オリジナルWebベーススクラッチシステム	XX/XX	情報システム	町田
3	BI技術	BIツールによるデータの可視化	XX/XX	情報システム	町田
4	EXCEL	Excelによるクロス集計やピボットテーブル，ピボットグラフによるデータの可視化	XX/XX	情報システム	町田
5	ディープラーニング	AI検品装置を内製で構築し部品検査を無人化	XX/XX	情報システム	町田

【貯める（B領域）】

NO	技術構成	内容	記載日	部門	発言者
1	エッジコンピューティング	簡易DB（SQLiteやCSV，JSON形式）	XX/XX	情報システム	町田
2	受発注管理システム 生産管理システム	DBサーバー（SQLServer2019およびMySQL）	XX/XX	情報システム	町田

【収集する（I領域）】

NO	技術構成	内容	記載日	部門	発言者
1	IoTセンサー・自動認識・小型PC	RaspberryPiを小型PCとして機能として利用し設備稼働率・稼働状況を可視化	XX/XX	情報システム	町田
2	IoTセンサー・自動認識・小型PC	Arduino小型PCとして機能として利用し設備稼働率・稼働状況を可視化	XX/XX	情報システム	町田
3	IoTセンサー・自動認識・小型PC	スティック型コンピュータ小型PCとして機能として利用し設備稼働率・稼働状況を可視化	XX/XX	情報システム	町田
4	組み込み型IoTデバイス	スマートフォンで設備稼働率・稼働状況を可視化（生産性見え太君）	XX/XX	情報システム	町田

【守る（S領域）】

NO	技術構成	内容	記載日	部門	発言者
1	ソフトウェアセキュリティ	データベースへのアクセスログ監視とリードオンリーメディアへのバックアップ	XX/XX	情報システム	町田
2	IoTデバイスセキュリティ ハードウェアセキュリティ	IoT機器，サーバー問わず最低限の権限上でのプログラムの動作	XX/XX	情報システム	町田

事例企業：武州工業株式会社様DX事例紹介⑨

●⑧To-Be版システムマップ

 魚の目の視点（経営資源の流れを観察して業務改善する視点）
虫の目の視点（経営資源を直接見て業務改善する視点）

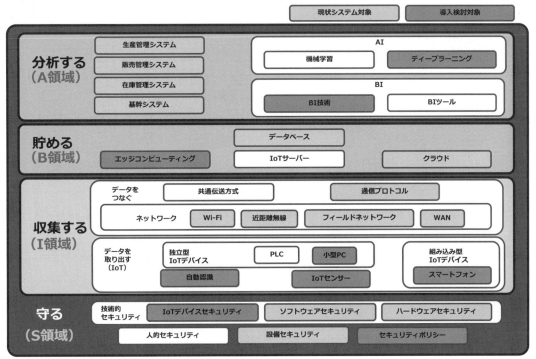

To-Be版システムマップ（導入AI・IoTツール類）

①ツール名：Microsoft PowerAppsおよびOnpremise－Data-Gateway，ツール説明：ローコードでスマートフォン・タブレット対応アプリケーションを作成できるクラウドプラットフォーム。また，オンプレミスデータゲートウェイシステムを導入することによりオンプレミス（社内）側にあるデータベースをクラウド側にあるPowerAppsから利活用できる。

②ツール名：Arduino・Raspberry Pi，ツール説明：デジタル/アナログIOポートを備えたワンボードマイコン。Raspberry Piはスペックが高くOSや開発言語の自由度が高い。

③ツール名：Node-Red，ツール説明：コーディングレスの開発言語。ノードといわれる機能を追加することにより，簡単にさまざまなサービスとのデータ交換を行うことができる。

④ツール名：Skysea Client VIEW，ツール説明：コンピュータ遠隔監視システム。ログイン，ログアウト，ネットワークへの接続などを遠隔監視し，PC紛失時に遠隔消去を行うなどのセキュリティシステムの一角を担う。

⑤ツール名：TensorFlowなど，ツール説明：AIエンジン。撮像した画像データをAIエンジンに渡し，外観キズの有無を判定する。

事例企業：武州工業株式会社様DX事例紹介⑩

●⑧To-Be版システムマップ

魚の目の視点（経営資源の流れを観察して業務改善する視点）
虫の目の視点（経営資源を直接見て業務改善する視点）

NO	技術構成	内容	記載日	部門	発言者
1	生産管理システムを含む基幹システム	スマートBIMMS	XX/XX	情報システム	町田

製造POSシステム：日々決算の出来る仕組み
（プログラマーが現場経験を積んでアジャイル開発した仕組み）

NO	技術構成	内容	記載日	部門	発言者
1	組み込み型IoTデバイス	スマートフォン設備稼働率・稼働状況を可視化するIoTツールを可視化。（生産性見え太君）	XX/XX	情報システム	町田

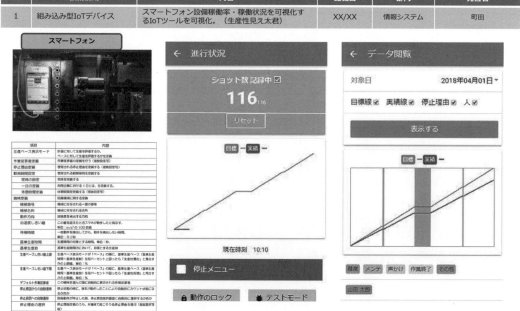

事例企業：武州工業株式会社様DX事例紹介⑪

●⑧To-Be版システムマップ

魚の目の視点（経営資源の流れを観察して業務改善する視点）
虫の目の視点（経営資源を直接見て業務改善する視点）

NO	技術構成	内容	記載日	部門	発言者
1	BI技術	ＢＩツールによるデータの可視化	XX/XX	情報システム	町田
2	EXCEL	Ｅｘｃｅｌによるクロス集計やピボットテーブル、ピボットグラフによるデータの可視化	XX/XX	情報システム	町田
3	IoTセンサー・自動認識	RaspberryPi設備稼働率・稼働状況を可視化するIoTツールを可視化。	XX/XX	情報システム	町田
4	IoTセンサー・自動認識	Arduino設備稼働率・稼働状況を可視化するIoTツールを可視化。	XX/XX	情報システム	町田
5	IoTセンサー・自動認識	スティック型コンピュータ設備稼働率・稼働状況を可視化するIoTツールを可視化。	XX/XX	情報システム	町田

BI技術	エッジコンピューティング	IoTセンサー	小型PC	自動認識

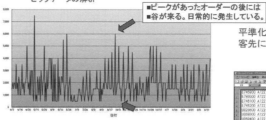

ビックデータの解析

■ピークがあったオーダーの後には
■谷が来る。日常的に発生している。

平準化量で
客先に納期調整

■サプライチェーンの源流ほど「ばらつき」が増大

連携

新購買：IT富山の置き薬
在庫情報を自動送信

NO	技術構成	内容	記載日	部門	発言者
1	ディープラーニング	ＡＩ検品装置を内製	XX/XX	情報システム	町田

ディープラーニング

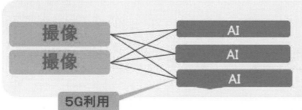

撮像　撮像　AI　AI　AI　オープン戦略

5G利用

最適化を検討

共感
やってみる

自社で学習できる体制を構築：外販化

事例企業：武州工業株式会社様DX事例紹介⑫

● ⑨To-Be版業務フロー

鳥の目の視点（企業全体を俯瞰して経営改革する視点）
魚の目の視点（経営資源の流れを観察して業務改善する視点）
虫の目の視点（経営資源を直接見て業務改善する視点）

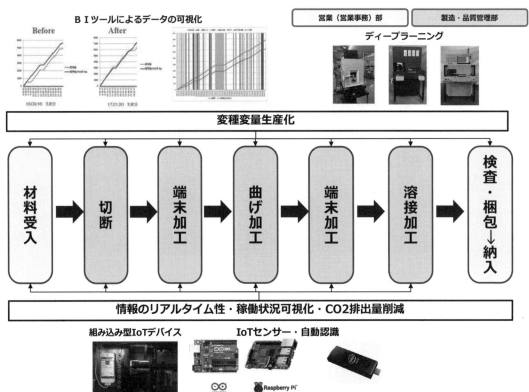

AI・IoT導入シナリオ

①学習と成長の視点：
- ・社内開発により現場とSE間の齟齬がなくなり，お互いの成長につながっている。
- ・データが現場にあるのでアジャイル開発が進んだ。

②業務プロセスの視点：
- ・開発スピードが速く，変種変量生産が無駄なく展開できた。
- ・進捗情報と品質情報を同一に位置づけ情報の共有化が図れ，品質向上に寄与した。

③顧客の視点：
- ・リードタイムの短縮に貢献した。
- ・協力メーカーの発注にムリムダムラがなくなり，平準化できた。

④財務の視点：
- ・仕掛品の減少が図れた。
- ・原材料・部品の過剰在庫が解消され，在庫金額が減少した。

事例企業：武州工業株式会社様DX事例紹介⑬

●⑩AI・IoT導入シナリオ（BSC）

鳥の目の視点（企業全体を俯瞰して経営改革する視点）
魚の目の視点（経営資源の流れを観察して業務改善する視点）
虫の目の視点（経営資源を直接見て業務改善する視点）
蝙蝠の目の視点（反対から物事を見て経営改善する視点）

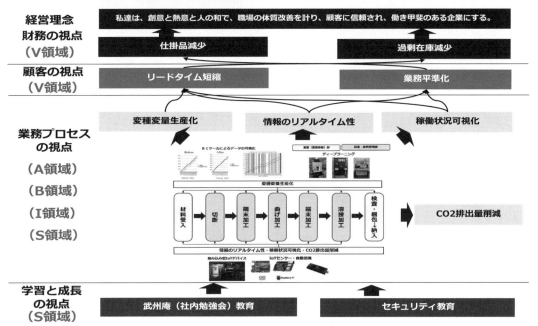

経営理念
財務の視点
（Ｖ領域）

私達は、創意と熱意と人の和で、職場の体質改善を計り、顧客に信頼され、働き甲斐のある企業にする。

仕掛品減少　過剰在庫減少

顧客の視点
（Ｖ領域）

リードタイム短縮　業務平準化

業務プロセス
の視点

（Ａ領域）
（Ｂ領域）
（Ｉ領域）
（Ｓ領域）

変種変量生産化　情報のリアルタイム性　稼働状況可視化

材料受入　切断　端末加工　曲げ加工　端末加工　溶接加工　検査・梱包→納入

CO2排出量削減

学習と成長
の視点
（Ｓ領域）

武州庵（社内勉強会）教育　セキュリティ教育

●デザインシンキングへの取り組み（デザイン思考）

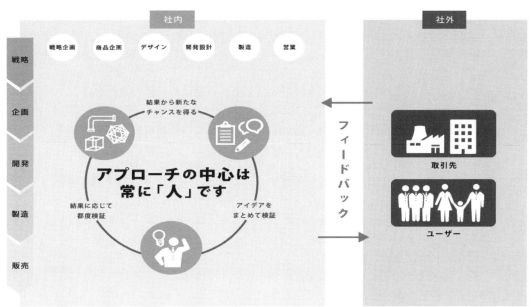

部署や社内・社外といった枠にとらわれることなく，自由な発想・柔軟なコミュニケーションでこれからも日本に根差したグローバルな発展を私たちは目指してまいります。

事例企業：武州工業株式会社様DX事例紹介⑭

経営者のメッセージ

　弊社は今まで赤字を出さず，55年間黒字経営を続けて参りました。日本には多くの中小企業がありますが，お客様との取引で「ムリ・ムラ・ムダ」が多く，儲けそこなっているのは中小企業かもしれません。しかし，高いコストを払っているのはお客様だと感じます。中小企業の経営で本当はもっとDXを進めればコストが下がり，お客様もコストダウンができ，「三方良し」の経営が行えるのにもったいないと思います。

　私は，以前，日本商工会議所主催のアメリカ・シリコンバレー視察ツアーで，1991年設立のIDEO（アイディオ）という企業を訪問しました。

　この企業は過去にアップルの初代マウスを開発し，P&Gやサムスンなどと共に画期的な商品を世に送り出しており，日本の大手企業もこぞって見学に行くほどでした。私が訪問時に同社社長から言われた言葉が印象的でした。

　「日本人は想像力が豊かで大変優秀だと思う。しかし，頭で考えることはできてもそれを即，行動に移すことができない。もったいない国民性ですね」

　この言葉を聞いて，「本当にそうだな」と改めて考えさせられました。日本で私の経営者仲間であるスーパーの社長さんと次のような会話をしました。

　「林さん，うちに並んでいる牛乳，どこから手に取りますか？」

　「普通に手前の牛乳から買いますよ」

　「林さんはそうでも，普通の主婦や買い物上手な消費者は棚の後ろから消費期限の新しい（長い）牛乳を取り出して買うんですよ」

　「そんなことをしたら消費期限が来た牛乳は次々に捨てることになるんじゃないんですか？」

　「いや違うんです。歩留まりなんです。この廃棄ロスの原価も最初から牛乳の仕入原価に乗せて販売価格を決定しているので損はしないんです。損をしているのは実は消費期限の新しいものばかり買おうとする消費者です。そしてこれが日本の食品廃棄ロス問題の原点なんです」

　私は，「なるほど。これは日本全国の話になれば相当量の廃棄ロスが発生している。しかし，廃棄コストは結局，消費者が実際に支払っている。つまり自分さえよければの個別最適化の考え方なんだ」と思いました。

　中小の製造業などでは，歩留まりを上げて良品をできるだけ多く作りながらコストを削減していくのに必死です。しかし，作る側だけでなく買う側も全体最適化の視点を持たないと，日本がいつも高いコストでしか物を作ることができず，国際的な競争力も強くならないと思うのです。

　弊社は今回，縁がありまして，AI・IoT普及推進大賞最優秀賞に選定していただきました。それ以外にも，ありがたいお話で経営やITなどでさまざまな賞をいただいております。

　その中で弊社は以前よりIT化を進めてきましたが，最近ではIoTやAI，DXを進めてきました。それは全世界のコストに弊社も合わせていくというLCC（ローコストカントリー）実現の考え方があります。これまで日本は高度なモノづくりで成長してきましたが，今後はLCCの考え方を取り入れないといけないと思います。

　今，アジア諸国はほとんどが後進国ではありますが，今後は人口の増加と共に新興国として大変な勢いで成長する国々となることでしょう。

事例企業：武州工業株式会社様DX事例紹介⑮

　技術が高度化すれば，そのアジア諸国との間でグローバル競争となります。そんな危機感もあり，弊社では以前よりIT化やDXを進めてきました。

　具体的な内容は本書の事例紹介の中で紹介していただきましたが，弊社のIT化やDXは社内のエンジニアを活用して内製化しています。

　内製化した理由ですが，ITベンダーに弊社のことを細かく説明しても，作業現場レベルの細かい部分までは理解できないでしょうし，さらにそれを細かく伝えて本当に欲しいシステムを組み上げるとなるとそれなりに時間と労力とコストが掛かります。

　また，もしシステムが完成したとしても，その後，製品や事業が変わればシステムも変えなければならなくなります。それであれば最初から自社でシステム構築を目指したほうが効率的です。それで完成したのが生産管理システム「BIMMS（ビムス）」です。

　このシステムは，社内でエンジニアを育成して内製化したわけですが，エンジニアを採用した際に，すぐにシステムを開発させずに3年間，現場で働いてもらいました。つまり，現場を知らずしていきなりシステムは作れないと思ったわけです。

　その後，DXの第一弾として，現場の作業員の見える化でスマホを使ったアプリ「生産性見え太君」を作りました。これはスマホアプリとスマホを活用したIoTの例です。

　第二弾として，各種設備機械にはArduino・Raspberry PiやUSB型のPCなどを設置して現場のデータを収集し，BIG DATA化を行っています。

　第三弾では，製品検査機器にAIを利活用することによってコスト削減を目指しています。また第四弾では，ロボットによる一個流し生産などにも取り組んでいます。

　このようなDX化でIoTからデータを収集することで，現場の従業員一人ひとりが自分の作業状況が見えるようになり，弊社の教育施設「武州庵」でお互いに技術教育などを繰り返し行うことで，労働生産性は20％以上も向上しました。

　先ほどスーパーの牛乳の歩留まりのお話をしましたが，在庫情報の見える化（IT富山の置き薬）を行いました。それによりお客様も無駄な量の発注をせずに済むようにしたり，BIG DATAを解析することで受注予測なども行えるようにしました。

　弊社は，こうして全従業員で生み出した利益を半分は弊社側，半分は従業員に分けるという経営方針です。これにより従業員一人ひとりが「ラーメン屋の店主」のように経営参画意欲が湧いてモチベーションアップが図られ，インセンティブが働いています。

　DXは，単にAI・IoT等の最先端で高額なデジタル化を進めれば済むということではありません。もしDXをどうやって進めればよいかわからないのであれば，本書で公開されているようなしっかりとした「DX実行計画書」を作成することをお薦めします。

　弊社は長い時間をかけてITからの発展形でDXを進めてきましたが，今ではさまざまなAI・IoTを代表とする最先端のデジタルツールが登場しており，価格も比較的安く，導入もスムーズです。

　読者の皆様にはぜひ，一般社団法人AI・IoT普及推進協会の認定資格を取得することをお薦めします。体系立ったプロセスとフレームワークがありますので，しっかりとした計画を立案できます。

　最後になりますが，まだまだ日本は儲けそこなっていると思います。ぜひDXを進めていただき，みんなで儲かる企業になりましょう。日本全体の企業が成長すればまだまだ日本は国際的にも競争力が高いと思います。今回は立派な書籍でこのような機会をいただきまして，ありがとうございました。

武州工業株式会社　代表取締役会長　　林　英夫

すべての情報（データ）が統合されAIが接客の質を高める

コラム
2

　大手ファッション小売業のP社では，24時間365日，テナントのショップスタッフとお客様がコミュニケーション可能なオムニチャネルプラットフォームづくりに積極的です。

　具体的には，店舗内に自走式AIロボットを導入し，離れた場所のインフォメーションスタッフが問合せに応えるためにPoCを行っています。

　このPoCに関しては，経済産業省などが運営するロボット実装モデル構築推進タスクフォースで実験を行いました。

　自走式AIロボットにはIoTセンサーによる対話型・音声操作に対応したAIアシスタント機能が実装されており，AIの音声機能で会話と行うことができるようになっています。

　また，スマートフォンやAR対応グラスを通して，あたかもその場に存在するかのように展示するバーチャルショーケースを導入しています。

　また，IoTに関しては，屋上にIoTセンサーを取り付け，雨が降った際に店員に迅速に雨の状況を伝えることで，お客様への接客時に雨での来店に対する気遣いの言葉でおもてなしを実現しています。

　最近では，若者の集まる街の店舗でオフラインとオンライン（O2Oマーケティング）の運営を実現すべく，さまざまなデジタル施策を導入しています。

　P社が目指す姿は，顧客（＝個客：個のワン・トゥ・ワン）に対して商品・サービス単位の適切な推奨による「買い上げ率」「買い回り率」の向上，そしてさまざまなデータの蓄積によるBIG DATAの分析とAIによる高度な需要予測にもとづく出店テナントへの還元です。

　つまり，お客様のニーズ（欲しいもの）に対してテナントのMD（商品・在庫データ）を「ネット」と「リアル」双方の「個客行動データ」をもとにAIを駆使し，BIG DATAにより顧客ごとにマッチングできる未来思考の顧客創造によるデジタルSCプラットフォームを構築しています。

　従来のファクト（事実）のみにもとづいたPOSデータ等のITデータだけでは見えない情報を駆使することが，第四次産業革命では重要です。

　このようにAI・IoTなどを代表とするデジタルツール導入とともに，従業員に関しては接客研修，ロールプレイングコンテスト，接客実態調査やインバウンドへの多言語翻訳など充実しています。

　このように人とすべての情報（データ）が統合され，AIが接客の質を高めるというDX実現の好事例となっています。

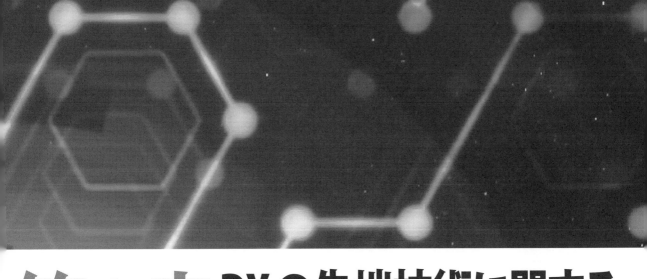

第3章 DXの先端技術に関する基本問題と解説集

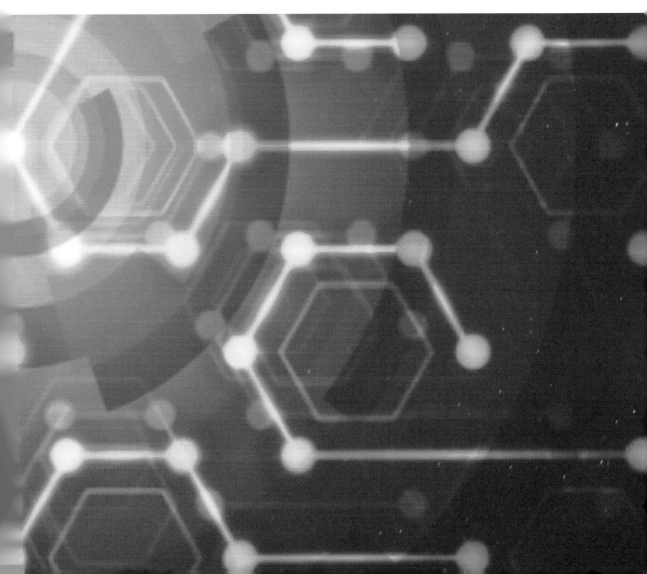

第1節　IoT（I領域）サンプル問題と解説

AI・IoT基礎検定出題範囲（システムマップ）

概要

AI・IoTを中心とする最先端のデジタル化によるDXの実現を行いVALUE UP（V領域）を図るために，まずはIoT（I領域），BIG DATA（B領域），AI（A領域），SECURITY（S領域）の4つのプロセスとそれぞれの技術要素を学ぶ必要があります。それらをマッピングしたものがシステムマップとなります。

●AI・IoT基礎検定出題範囲（システムマップ）

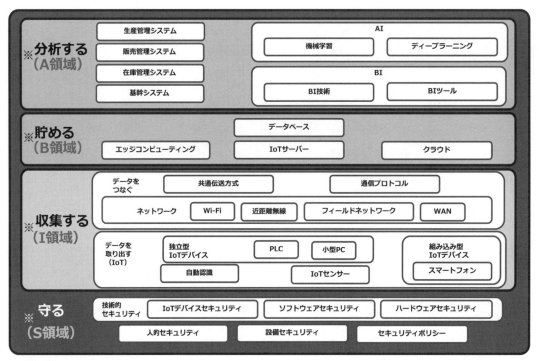

ポイント

システムマップ上には基本となる技術構成内容が記載されています。このシステムマップの内容を基本として，認定AI・IoT基礎検定（AIFT）認定を行っています。

※印の箇所のIoT（I領域），BIG DATA（B領域），AI（A領域），SECURITY（S領域）の4領域について基本問題と解説集をご用意しましたので，こちらを参考にしていただければと思います。

本章の利活用方法ですが，サンプル問題を解いてから解答解説をご確認ください。その際にページの下半分を隠すなど，解答解説が見えないようにして取り組むことで学習効果が高まります。

また何度も基本問題と解説集を利用して必要な技術構成内容を学習してください。その際，本書以外の各種情報（Web，関連書籍等）なども利用してください。

Society5.0におけるIoT

問　題：Society 5.0*におけるIoTの記述について最も**適切でないもの**を1つ選びなさい。

選択肢：
1. IoTは農業分野で利活用されており，IoTセンサーを使うことで，温度・湿度，土壌の水分量などが圃場に行かなくてもわかり，水撒きを自動化できる。

2. IoTはものづくり分野に利活用されており，IoTセンサーを各種工場内の設備等に導入することで工場内の生産状況の「見える化」が可能となり，故障を未然に防ぐなど生産性の向上が図れる。

3. IoTは医療分野で利活用されており，ウェアラブルデバイスで体温や脈拍などを取得して，個人の持つスマートフォンで体調管理が可能となる。

4. IoTはエネルギー分野で利活用されており，スマートメーターや気象情報，電気・熱などの情報を有効につなぐことで，効率的なエネルギー利活用が可能となる。

解答解説

1. 適切です。
2. 適切です。
3. 適切ではありません。
    Society 5.0におけるIoTは，サイバー空間とフィジカル空間をシームレスにつなぐことが役割ですので，個人での利活用はSociety 5.0におけるIoTとは異なります。
4. 適切です。

（解説）
　サイバー空間（仮想空間）とフィジカル空間（現実空間）を高度に融合させたシステムにより，経済発展と社会的課題の解決を両立する，人間中心の社会（Society）がSocity5.0の目指す世界です。
　IoTに関しては，サイバー空間とフィジカル空間をシームレスにつなぐ役割があり，主にサプライヤー，工場，物流，顧客をつなぐ情報連携に使われていきます。そのほかにも交通，医療・介護，農業，食品，防災，エネルギーなどさまざまな産業でセンサーとして利活用されています。

注：*印の付いた用語は，後掲の「IT用語解説集」で解説しています。（以下同じ）

Connected Industries における IoT

問　題：Connected Industries*の記述について最も**適切でないもの**を１つ選びなさい。

選択肢：

1. Connected Industriesとは，経済産業省が「人・モノ・技術・組織などがつながることによる新たな価値創出が，日本の産業の目指すべき姿（コンセプト）である」として提唱した概念である。

2. Connected Industriesは，国境や世代を超えたさまざまなつながりによって新たな付加価値を生み出していく産業社会を指している。

3. Connected Industriesとは，製造業の工場がIoTでつながって生産する新しい生産方式のことである。

4. Connected Industriesとは，人と機械・システムが対立するのではなく，協調する新しいデジタル社会を実現することである。

解答解説

1. 適切です。
2. 適切です。
3. 適切ではありません。
   Connected Industriesとは，日本の産業の目指すべき姿（コンセプト）であるため，新しい生産方式のことではありません。
4. 適切です。

（解説）

　Connected Industriesとは，2017年３月，経済産業省が「人・モノ・技術・組織などがつながることによる新たな価値創出が，日本の産業の目指すべき姿（コンセプト）である」として提唱した概念です。

　国境や世代を超えたさまざまなつながりによって新たな付加価値を生み出していく産業社会を指しています。

　「Connected Industries」は，下記の３つのコンセプトから成ります。
1）人と機械・システムが対立するのではなく，協調する新しいデジタル社会の実現
2）協力と協働を通じた課題解決
3）人間中心の考えを貫き，デジタル技術の進展に即した人材育成の積極推進

IoTの全体概要

サンプル問題

問　題：IoTシステムの記述について最も**適切でないもの**を1つ選びなさい。

選択肢：

1. IoTシステムには，「データを取り出す」機能と「データをつなぐ」機能が必要である。

2. 「データを取り出す」機能は，IoTセンサーとRaspberry Piのような小型PCのことである。

3. スマートフォンにはさまざまなセンサーが組み込まれており，また通信機能も持っているため，IoTデバイスの1種類である。

4. さまざまな通信技術の中から，構築するIoTシステムに最適なものを選んで，「データをつなぐ」機能を実現する。

解答解説

1. 適切です。
2. 適切ではありません。
   機械設備に取り付けられているPLCやスマートフォンなども「データを取り出す」機能になり得ますので，IoTセンサーと小型PCだけではありません。
3. 適切です。
4. 適切です。

（解説）

　IoTでデータを収集するためには，「データを取り出す」機能と「データをつなぐ」機能が必要です。

【データを取り出す】

　①センサー，②自動認識技術，③PLC，④スマートフォン，⑤小型PC，などの技術の組み合わせによって必要なデータを取り出します。

【データをつなぐ】

　①Wi-Fi，②近距離無線，③フィールドネットワーク，④WAN，などのネットワーク技術の中から最適なものを選んで（組み合わせて），取り出したデータを「貯める」機能に送信します。

自動認識

問　題：自動認識の記述について最も**適切でないもの**を1つ選びなさい。

選択肢：

1. 自動認識をするためには,バーコードやQRコードなどのシンボルを使わなければならない。

2. 自動認識とは,人手によるデータ入力をせずに,コンピュータにデータを読み込む技術のことである。

3. 最近ではAI技術を使った画像認識や音声認識による自動認識も使われるようになっている。

4. 自動認識によって,フィジカル空間とサイバー空間がシームレスにつながるようになる。

解答解説

1. 適切ではありません。
   自動認識においては,バーコードやQRコードなどのシンボルを使うことが多いですが,AI技術の進歩により画像認識や音声認識による自動認識も最近では行われるようになっています。
2. 適切です。
3. 適切です。
4. 適切です。

（解説）

　1次元コード*, 2次元コード*（QRコードなど）, RFID*（ICカード, Felicaなど）など, データが格納されたシンボル（バーコードやICタグ）を読み込むことで,キーボードやマウス, タッチパネルを使って人手によるデータ入力をせずに, コンピュータにデータを読み込むことができます。

　また, 最近では,画像や音声, ジェスチャーなどを認識するAI技術を利活用して, コンピュータにデータを入力したり, コンピュータに指示をすることも可能になっています。

　このように, フィジカル空間とサイバー空間をシームレスにつなぐことができるようになっています。

IoT センサー

問　題：IoTセンサーの記述について最も**適切でないもの**を1つ選びなさい。

選択肢：

1. IoTセンサーの役割は，フィジカル空間のさまざまな事象や状態を，コンピュータが扱える「データ」に変換することである。

2. IoTセンサーの種類は加速度，流量計，回転，マイクなど用途に応じてさまざまであるが，1つの用途のために使用するセンサーはどれも同じ性能である。

3. センサーは以前から存在するが，半導体実装技術を活用した安価で高精度なセンサーが生まれたことで，IoTが進化している。

4. IoTセンサーを選定するときは，「測定対象」「測定範囲や精度」「環境条件」「電源」「通信方式」「センサーの価格」などの要件を明確にする必要がある。

解答解説

1. 適切です。
2. 適切ではありません。
   同じ用途で使用するセンサーであっても，「測定対象」「測定範囲や精度」「環境条件」などの性能は異なります。
3. 適切です。
4. 適切です。

（解説）
　センサーの役割は，フィジカル空間のさまざまな事象や状態を，コンピュータが扱える「データ」に変換することです。
　現在は半導体実装技術を活用し，安価で高精度なさまざまなセンサーが実現しており，IoT導入が進んでいる大きな要因の1つにもなっています。
　センサーには，加速度，流量計，回転，マイク，光，赤外線，温度，湿度，人感，イメージなど，用途によりさまざまな種類があります。
　IoTセンサーを採用・検討する際は，「測定対象」「測定範囲や精度」「環境条件」「電源」「通信方式」「センサーの価格」などの要件を明確にしたうえで，製品情報を収集し評価する必要があります。

小型PC

問　題：小型PCの記述について最も**適切でないもの**を1つ選びなさい。

選択肢：
1. 小型PCは，センサー等で取り出したデータをIoTサーバーやIoTゲートウェイに「つなぐ」ためのものである。

2. 小型PCは，IoTサーバーやIoTゲートウェイからの指示を受け，設備や機器に指示を送るものである。

3. 小型PCは，CPUと入出力装置を実装しているコンピュータである。

4. 小型PCとは，Raspberry Piのことである。

解答解説

1. 適切です。
2. 適切です。
3. 適切です。
4. 適切ではありません。
   Raspberry Piは小型PCの一種類であり多くのところで使われていますが，他にもArduinoなどの製品があります。

（解説）
　　小型PCは，センサー等で「取り出した」データをIoTサーバーやIoTゲートウェイ*に「つなぐ」ためのコンピュータです。類似した言葉にワンボードマイコン*，シングルボードコンピュータ*などがあります。
　　CPUと入出力装置を実装しているコンピュータで，以下のような役割を果たします。
　①センサー等を入力機器として接続して，通信機能を使ってIoTサーバーやIoTゲートウェイにデータを送信する。
　②通信機能を使ってIoTサーバーやIoTゲートウェイからの指示を受け，設備や機器に指示を送る。
　　Raspberry Pi*，Arduino*などの製品が有名です。

PLC

問　題：PLCの記述について最も**適切でないもの**を1つ選びなさい。

選択肢：

1. PLCはプログラマブル・ロジック・コントローラのことで，工場内に設置されている工作機械やセンサー類の制御を行う機械である。

2. PLCは単体で稼働することが可能であり，IoTデバイスである。

3. シーケンサ，産業用コンピュータ，FAシステム，ボードコンピュータなどはPLCの役割などを表す言葉である。

4. PLCに接続されている設備や機械，センサー類から必要情報を収集して生産管理システムに通信することで，IoTを実現することができる。

解答解説

1. 適切です。
2. 適切ではありません。
   PLCにはセンサーなどのデータを収集する機能がないため，PLC単体でIoTデバイスにはなりません。
3. 適切です。
4. 適切です。

（解説）

　PLC（プログラマブル・ロジック・コントローラ）は，工場内に設置されている工作機械やセンサー類の制御を行う機械です。類似した言葉に，シーケンサ*，産業用コンピュータ，FAシステム*，ボードコンピュータなどがあります。

　生産管理システムなどが動作するコンピュータからの指示で，PLCに組み込まれたプログラムが動作して，工作機械を制御したり，機械やセンサーからの測定情報を生産管理システムに通信するなどの機能を持っています。

　工場内の自動制御の用途に広く使われているため，既設のPLCに接続されている設備や機械，センサー類から必要情報を収集することで，IoTを実現することができます。

スマートフォン

問　題：スマートフォンの記述について最も**適切でないもの**を1つ選びなさい。

選択肢：

1. スマートフォンは，センサーやカメラなどが内蔵されており，データをWi-FiやBluetooth，WAN（LTE等）で送信することができるので，IoTデバイスである。

2. スマートフォンは民生用に作られているため，温湿度や塵埃等の劣悪な稼働環境では動作が不安定なので，IoTデバイスとしては使えない。

3. センサーや小型PCの機能が一体となったものを「組み込み型のIoTデバイス」といい，スマートフォンはその代表例である。

4. スマートフォンに搭載されているセンサーには，加速度，地磁気，傾き，ジャイロ，明るさ，圧力，温度，近傍，GPSなどがある。

解答解説

1. 適切です。
2. 適切ではありません。
   温湿度や塵埃等の劣悪な稼働環境では動作が不安定になる可能性はありますが，求める精度や条件が合えばIoTデバイスとして十分に使えます。
3. 適切です。
4. 適切です。

（解説）
　スマートフォンは，内蔵されているセンサーやカメラから得られたデータをWi-FiやBluetooth*，WAN（LTE等）でIoTサーバーやIoTゲートウェイに送信することができます。そういう意味で，センサーや小型PCが一体となった「組み込み型のIoTデバイス」と捉えることができます。
　温湿度や塵埃等の稼働環境やセンサー等の精度などの条件が合えば，専用のIoTデバイスを準備することなく簡単に取り組むことができますので，IoTデバイスとして有用です。
　機種により異なりますが，主な搭載センサーは，加速度，地磁気，傾き，ジャイロ，明るさ，圧力，温度，近傍，GPSなどがあります。

Wi-Fi

問　題：Wi-Fiの記述について最も**適切でないもの**を１つ選びなさい。

選択肢：

1．Wi-Fiは一般的に普及している無線LANのことで，IoT用の通信技術としても使われる。

2．Wi-Fiの規格は複数あり，利活用する周波数帯や最大伝送速度，通信距離などが異なる。

3．Wi-Fiの伝送速度は規格による違いはあるが，同じ規格であれば一定の伝送速度になる。

4．Wi-Fi機器は電波法の対象となるので，技術基準適合証明を取得した機器（技適マーク）を選ばなければならない。

解答解説

1．適切です。
2．適切です。
3．適切ではありません。
　伝送速度は，アクセスポイントまでの距離や使用環境による電波の減衰・干渉，同時接続数等によって大きく変動します。
4．適切です。

（解説）

　Wi-Fiは一般的に普及している無線LANのことで，IoTデバイスが収集したデータを社内に設置されたIoTサーバーなどへ集めるために使用される通信技術です。主な規格は，IEEE802.11a/b/g/n/ac*があり，規格により利活用する周波数帯や最大伝送速度，通信距離などが異なります。また，技術の進歩に合わせ，新しい規格が作られています。

　伝送速度は，アクセスポイントまでの距離や使用環境による電波の減衰・干渉，同時接続数等によって大きく変動します。また，通信傍受による情報漏洩のリスクもありますので，情報セキュリティ対策を十分に取ることが重要です。

　なお，Wi-Fi機器は電波法の対象となりますので，技術基準適合証明*を取得した機器（技適マーク）を選ぶようにするなど注意が必要です。

近距離無線

問　題：近距離無線の記述について最も**適切でないもの**を1つ選びなさい。

選択肢：

1. 近距離無線とは，通信距離が短く，通信速度が遅いものを指す。

2. Bluetoothは近距離無線の一種であり，ワイヤレスのマウスやイヤホンなどで利活用されているだけでなく，IoTでも利活用されている。

3. IoTの通信で送られるデータ容量は少ないことが多いので，通信速度よりも消費電力を優先して検討することがある。

4. Wi-Fiの通信速度は高速（大きなデータ容量を送れる）であるが，通信距離は短いため，近距離無線の一種である。

解答解説

1. 適切ではありません。
   無線通信は通信方式によりそれぞれ特徴があり，通信距離と通信速度に注目すると，4種類に分類することができます。近距離無線は通信距離が数十m程度のものを指し，通信速度は遅いものもあれば，速いものもあります。
2. 適切です。
3. 適切です。
4. 適切です。

（解説）

　無線通信は，通信方式によりそれぞれ特徴があり，通信距離と通信速度に注目すると，4種類に分類することができます。近距離無線は通信距離が数十m程度のもので，Wi-Fiについては前項で説明していますので，ここでは，それ以外の規格について紹介します。

　Bluetoothは，パソコンやスマホに標準で搭載されており，ワイヤレスのマウスやイヤホンなどで利活用されています。通信速度が高速なため大きな容量のデータを送受信することができますが，消費電力が大きいという課題もあります。

　一方，通信速度が低速なZigBee*やWi-SUN*は一般には馴染みがありませんが，センサーデータのようにデータ容量が小さいIoT用の通信には支障がないことや，消費電力が小さいため，充電やケーブルでの電源確保の必要がなく，電池で長時間使用できる点が特徴です。

フィールドネットワーク

問　題：フィールドネットワークの記述について最も**適切でないもの**を1つ選びなさい。

選択肢：
1. フィールドネットワークは，産業用機械，PLCや制御装置，センサー，パソコン等を接続
　するためのネットワークのことである。

2. フィールドネットワークは，設備メーカーが中心となって独自規格を作っていることもあ
　り，さまざまな種類が存在する。

3. フィールドネットワークは，産業用機械，PLCや制御装置などを接続する専用のネットワー
　クのため，IoTとして使うことは困難である。

4. フィールドネットワークは，通常の有線LANに比べ高速性や低遅延性という特徴がある。

解答解説

1. 適切です。
2. 適切です。
3. 適切ではありません。
　同じ規格同士でないと通信ができないなど，導入の際は規格や実績を十分に確認すること
　が重要ですが，IoTとして使えます。
4. 適切です。

（解説）
　フィールドネットワークは工場内（フィールド）で産業用機械，PLCや制御装置，センサー，
パソコン等を接続するためのネットワークのことです。
　それぞれの設備メーカーが中心となって規格を作っていることもあり，さまざまな種類が存
在しますが，主な規格としては，Ether CAT*，CC-Link*，PROFIBUS*，CompoNet*などがあ
ります。
　機械設備を制御することが主な用途であるため，通常の有線LANに比べ高速性や低遅延性
という特徴があります。
　設備メーカーや産業用コンピュータ機器メーカーがアライアンスを組んで各規格の普及を推
進していますが，同じ規格同士でないと通信ができませんので，導入の際は，規格や実績を十
分に確認することが重要です。

WAN

問　題：WANの記述について最も**適切でないもの**を1つ選びなさい。

選択肢：

1. WANは，Wide Area Networkの略称で，長距離通信のことである。

2. WANは，インターネットに接続されたクラウドサーバにデータを送信することであり，インターネットと同義である。

3. WANには有線方式と無線方式があり，無線方式は場所を選ばない（例：田畑の中など）ことやIoTデバイスを簡単に移動できるなどの特徴がある。

4. 無線方式のWANは，携帯電話通信キャリアのサービスを利活用するため通信料金が高額になるが，通信速度を低速（データ容量が少ない）にして低価格で提供するサービスもある。

解答解説

1. 適切です。
2. 適切ではありません。
   社外のサーバへの通信はインターネットを利活用することが一般的ですが，専用線を使うなどインターネット以外での接続方法もあります。
3. 適切です。
4. 適切です。

（解説）

　WANは，Wide Area Networkの略称で，IoTデバイスが収集したデータを社外のサーバ（クラウドなど）に集めるために使用される通信技術の総称です。

　社外のサーバへの通信はインターネットを利活用することが一般的ですが，インターネットへの接続方法として，光ケーブルによる有線方式と携帯電話網（LTE等）による無線方式（モバイルネットワーク）があります。

　有線方式は，通信速度や通信品質が安定しているという特徴があります。一方，無線方式は場所を選ばない（田畑の中など）ことやIoTデバイスを簡単に移動できるなどの特徴があります。

　モバイルネットワークは，携帯電話通信キャリアのサービスを利活用するため通信料金が高額になります。そのため，通信速度は低速（データ容量が少ない）ですが低価格な技術が開発されており，サービスも提供されています。

通信プロトコル

問　題：通信プロトコルの記述について最も**適切でないもの**を１つ選びなさい。

選択肢：
1. 通信プロトコルとは，送る側と受け取る側が同じルールで通信をするための約束事である。

2. 通信プロトコルは階層化されており，それぞれの階層ごとにプロトコルが存在する。

3. 送る側と受け取る側が異なる通信プロトコルを使用していると，データを正しく送ったり認識することができなくなる。

4. IoTで使われる通信プロトコルは決まっており，IoTシステム構築においては特に気にする必要はない。

解答解説

1. 適切です。
2. 適切です。
3. 適切です。
4. 適切ではありません。
   複数の機器から成り立つIoTシステムを構築する際は，それぞれの機器が使用する通信プロトコルが一致していることを確認しないと，通信できないことになります。

（解説）
　　通信には，データを送る側と受け取る側があります。そのため，送る側と受け取る側が同じルールで通信をしないとデータを正しく認識ことができません。このルールのことを「通信プロトコル」といいます。
　　通信プロトコルは，①データを正しく送るためのプロトコルと②データを表現するのためのプロトコルの２つに分けることができます。たとえていうと，①は電話を使うか電子メールを使うか，②は日本語を使うか英語を使うか，ということです。お互いが電子メールを使うと合意していてメールは届いたが，文章が英語だったため何が書かれているのかわからないとなると，通信できているとはいえません。
　　複数の機器から成り立つIoTシステムを構築する際には，通信プロトコルが一致していることを確認することは，とても重要な要素です。

共通伝送方式

問　題：共通伝送方式の記述について最も**適切でないもの**を1つ選びなさい。

選択肢：

1. 共通伝送方式は，通信プロトコルを共通化することである。

2. 伝送方式を共通化することは，データフォーマットや各種コードを共通化（統一化）することである。

3. データフォーマットとは，特定の形式（フォーマット）に当てはめられたデータの集まりのことである。

4. 各種コードはJIS規格などで決まっており，それを使わなければならない。

解答解説

1. 適切です。
2. 適切です。
3. 適切です。
4. 適切ではありません。
   データを送る側と受け取る側で共通のものであれば，規格で決まっているものでなくても問題ありません。

（解説）

　共通伝送方式は，広義には前項の通信プロトコルを共通にするということですが，狭義にはデータフォーマットや各種コードを共通化（統一化）することです。

　データフォーマットとは，特定の形式（フォーマット）に当てはめられたデータの集まりのことです。たとえば，IoTセンサーで温度を定期的に測定して，サーバーに送る場合，送るデータとして「日付」「時刻」「場所」「温度」という項目が必要になります。このデータ項目の順序やデータの型などを決めたものがデータフォーマットです。

　また，各種コードとは，上記の例だと「場所」を表すのに具体的な場所名を入れてもよいですが，A地点を「0001」，B地点を「0002」などとコード付けすることです。

　データフォーマットやコードが，データを送る側と受け取る側で共通のものでないと，データを認識することができなくなります。

IoT用語解説集①

Society5.0*

　Society5.0は，サイバー空間とフィジカル空間を高度に融合させることにより，多様なニーズにきめ細やかに対応したモノやサービスを提供し，経済的発展と社会的課題の解決を両立する社会のことをいい，そこでは，IoT（Internet of Things）ですべての人とモノをつなげてさまざまな知識や情報が共有される。

Connected Industries*

　さまざまな業種・企業・人・機械・データなどがつながり，そこにAI等の技術を活用することで新たな付加価値や製品・サービスが創出されると，高齢化や人出不足などの社会課題の解決が実現でき，それらが目指すべきわが国の産業競争力の強化や国民生活の向上，国民経済の健全な発展につながるとして，経済産業省から提唱された概念。

1次元コード*

　バーコードのこと。規格によって使用する文字の種類や桁数が異なる。JAN/EAN/UPC，ITF，CODE39，NW-7（CODABAR），CODE128など多くの種類がある。

2次元コード*

　1次元コード（バーコード）は一方向だけであるが，2次元コードは横と縦の二方向に情報を持つ。記録する情報量が多いのが特徴。代表的な2次元コードにQRコードがある。

RFID*

　Radio Frequency Identifierの略。情報を埋め込んだRFタグを電波で読み取る仕組み。①複数のRFタグを一括で読み出す，②距離が離れていても読み込める，③箱の中など見えないものも読み取れる，④表面が汚れていても読み取れるなどの特徴がある。

IoTゲートウェイ*

　端末から遠隔地のサーバやクラウドへデータを送信する際に中継を行う機器。

ワンボードマイコン*

　プリント基板に電子部品と入出力装置を付けた簡素なコンピュータのこと。

IoT用語解説②

シングルボードコンピュータ＊
　ワンボードマイコン同様に簡素なコンピュータであるが，CPUや周辺機器，入出力インターフェース，コネクタを持ち，LinuxなどのOSやプログラムの実行環境を持つ違いがある。

Raspberry Pi＊
　シングルボードコンピュータの一種。イギリスのラズベリー財団が教育用に開発した。専用のOS「Raspbian」を搭載する。略して「ラズパイ」とも呼ぶ。

Arduino（アルドゥイーノ）＊
　ワンボードマイコンの一種。ハードウェアとソフトウェアで構成されるプラットフォームである。

シーケンサ＊
　三菱電機株式会社が開発したプログラマブル・ロジック・コントローラ（PLC）の商品名。工場の自動機械やエレベータ，自動ドアなどの機械の制御に使用する。

FAシステム＊
　Factory Automationシステム。工場の生産工程の自動化を図るシステムのこと。

Bluetooth（ブルートゥース）＊
　デジタル機器用の近距離無線通信規格の1つ。数mから数十m程度の距離の情報機器の間を電波を用いて通信する。

IEEE802.11a/b/g/n/ac＊
　米国学術標準化機関であるIEEE（アイ・トリプル・イー）が定める無線LAN規格の1つ。アルファベットの違いは，周波数や公称最大速度など仕様の違いを表す。

技術基準適合証明＊
　電波法で定められた技術基準に適合しているかを証明するもの。この制度は日本独自のものであるため，証明がついていない輸入品を使用すると電波法違反になる。

IoT用語解説集③

ZigBee（ジグビー）*

　近距離無線規格の1つ。センサーネットワーク構築を目的としたもので，「Zigbee Alliance」により規格が策定された。転送可能距離が短く転送速度も非常に低速であるが，安価で消費電力が少ない。このためボタン電池で駆動するような超小型機器への実装も可能である。

Wi-SUN（ワイサン）*

　Wireless Smart Utility Networkの略。IEEE802.15.4g規格をベースに相互接続を有する無線通信規格を業界団体「Wi-SUN Alliance」が標準化を行ってきた規格である。消費電力が小さく乾電池駆動でも長期間の連続稼働が可能。複数端末間をバケツリレー式にデータを中継するマルチホップ通信に対応し，電力企業のスマートメータ（次世代電力量計）と家庭内HEMS（Home Energy Management System）間のBルート通信に標準採用されている。

EtherCAT*

　Ethernet for Control Automation Technologyの略。ドイツのベッコフオートメーション（Beckhoff Automation）によって開発されたフィールドネットワークシステム。

CC-Link*

　三菱電機株式会社が開発したオープンアーキテクチャ。高速で大容量の通信が可能。

PROFIBUS*

　Process Field Busの略で，フィールドネットワークの一種。世界中で最も普及しているといわれる。

CompoNet*

　ファクトリーオートメーションを実現するネットワークシステムの一種。

第2節　BIG DATA（B領域）サンプル問題と解説

Society5.0におけるBIG DATA

問　題：Society 5.0におけるBIG DATAのあり方について，最も**適切でないもの**を1つ選びなさい。

選択肢：

1. フィジカル空間（現実空間）のセンサーからサイバー空間（仮想空間）に集積される膨大な情報をBIG DATAという。

2. サイバー空間においてBIG DATAを人工知能（AI）が解析し，その解析結果がフィジカル空間の人間にさまざまな形でフィードバックされる。

3. 人がサイバー空間に存在するクラウドサービスにインターネットを経由してアクセスして分析を行うことで情報の価値が生まれる。

4. 膨大なBIG DATAを人間の能力を超えたAIが解析し，その結果が人間にフィードバックされることで新たな価値が産業や社会にもたらされることになる。

解答解説

1. 適切です。
2. 適切です。
3. 適切ではありません。
   これまでの情報社会（Society4.0）を表しています。
4. 適切です。

（解説）

　サイバー空間（仮想空間）とフィジカル空間（現実空間）を高度に融合させたシステムにより，経済発展と社会的課題の解決を両立する，人間中心の社会（Society）がSocity5.0の目指す世界です。

　これまでの情報社会（Society4.0）のようにクラウドに人がアクセスして情報を入手・分析することに価値が生まれるのではなく，膨大なBIG DATAを人間の能力を超えたAIが解析し，その結果がロボットなどを通して人間にフィードバックされることで，これまでにはなかった新たな価値が産業や社会にもたらされることになります。

Connected Industries における BIG DATA

問　題：わが国が目指すべき産業の姿であるConnected IndustriesにおけるBIG DATAのあり方として，最も**適切でないもの**を1つ選びなさい。

選択肢：

1. Connected Industriesは第四次産業革命をもとに実現され，BIG DATAによってAIが自ら考えて最適な行動をとり，自立的な最適化が可能になる。

2. Connected Industriesにおいて，AIによるBIG DATAの解析によって従来の独立・対立関係にあったものが融合され変化する。

3. Connected Industriesにおいて，日本の現場力にデジタルが積算されBIG DATAとなり，多様な協働への期待がもたれる。

4. Connected Industriesにおいて，BIG DATAは個々の産業ごとの発展に寄与する。

解答解説

1. 適切です。
2. 適切です。
3. 適切です。
4. 適切ではありません。
   個々の産業ごとの発展は，第二次産業革命による産業の在り方の変化でした。

（解説）

　各産業革命における「技術の変化」は「社会の変化」をもたらし，「第四次産業革命（インダストリー4.0)」にて実現されるConnected Industriesは，新たな社会であるSociety5.0につながるとされています。

　BIG DATAはその実現のための主要素となり，AIによる解析がSociety5.0へのつながりとなります。その解析は，従来の人間による情報価値では，独立・対立関係にあると思われたものが融合し変化することもあるでしょう。

　また，日本が競争力を有する「現場力」のデジタル価値を高めることにより，各々の多様な協働が期待できます。

　個々の産業ごとに発展する形態から，さまざまなつながりによる新たな付加価値の創出をもってSociety5.0が形成されていくでしょう。

エッジコンピューティング①

問　題：BIG DATAを円滑に処理するための「エッジコンピューティング」という技術の説明
　　　　として最も**適切でないもの**を1つ選びなさい。

選択肢：
1. 年々膨大に増加するBIG DATAを，すべてクラウド上で処理するには多大なコストと時間
　を要するため，その課題を解消する技術である。

2. クラウドコンピューティングをネットワークのエッジにまで拡張し，物理的にエンドユー
　ザーの近くに分散配置するという概念である。

3. データが生成される場所に近い部分にアプリケーションを配置することで，より多くのデー
　タを活用し価値を引き出すことを目的とする。

4. 複数のOSバージョンを必要とするICTシステムを1つのOS環境に集約できる技術であり，
　クラウドサービスの普及において重要な技術の1つといわれている。

解答解説

1. 適切です。
2. 適切です。
3. 適切です。
4. 適切ではありません。
　 これは「コンテナ」技術についての説明になります。

（解説）
　ネットワークに接続するデバイスの数は爆発的に拡大しており，これらのデバイスが生成す
るデータは指数関数的に増加しています。こうした膨大なデバイスやデータを従来のようにク
ラウドで運用していくためには多大なコストと手間がかかります。また，高いリアルタイム性
が求められるアプリケーションや，BIG DATAを扱うサービスは，クラウドコンピューティン
グで処理しきれず，遅延が発生してしまう課題があります。
　こうした課題の解消に向け，近年の技術的トレンドの1つとして「エッジコンピューティン
グ」が挙げられます。エッジコンピューティングとは，従来のクラウドコンピューティングを
ネットワークのエッジにまで拡張し，物理的にエンドユーザーの近くに分散配置するという概
念です。
　ネットワークの「エッジ」とは，通信ネットワークの末端にあたる外部のネットワークとの
境界や，端末などが接続された領域を指します。すなわち，データとその処理をクラウドに集
約するのではなく，データが生成される場所に近い部分にアプリケーションを配置することで，
より多くのデータを活用し，価値を引き出すことを目的とするものです。

エッジコンピューティング②

問　題：BIG DATAを処理するにあたり，「エッジコンピューティング」の利点について最も**適切でないもの**を1つ選びなさい。

選択肢：

1. 遅延が少なくリアルタイムでのデータ処理が期待でき，単位時間当たりのデータ処理能力の向上も可能になる。

2. 分散処理によりトラフィックの最適化が期待でき，通信コストの低減にもつながる。

3. クラウド上に集約されたサーバ上にデータを収集できるため，膨大な情報を効率よく処理できる。

4. セキュリティに対する労力が軽減され，データガバナンスの強化につなげることも期待できる。

解答解説

1. 適切です。
2. 適切です。
3. 適切ではありません。
   これはクラウドコンピューティングの利点です。
4. 適切です。

（解説）

　　インターネット網を介した「クラウドコンピューティング」は，その不利点（欠点）として，「遅延が発生し即時性（リアルタイム）や同期が保証されないこと」や「センサーなどの端末機器の増大による回線容量の確保のための通信コストの増大」が大きな課題となっています。

　　また，製造業において工場へのサイバー攻撃＊による稼働への影響や，一般企業においても個人情報などの流出への懸念など，セキュリティ強化への労力も並々ならぬものがあります。

　　これらを解消するものとして現れたのが「エッジコンピューティング技術」です。

　　「クラウドコンピューティング」と「エッジコンピューティング」を適宜組み合わせて，膨大なBIG DATAが円滑に処理されることが望ましいでしょう。

エッジコンピューティング③

問　題：BIG DATAを円滑に処理するにあたり，「エッジコンピューティング」の適用事例として最も**適切でないもの**を1つ選びなさい。

選択肢：

1. 顔認証システムを構築するにあたり，カメラセンサーの一次処理を行うためにカメラの近くにサーバを設置し，LANで接続した。

2. 通信網が整備されていない地域の温度や湿度などの環境情報を，即時でなく1時間毎に集計・平均して送信するメール配信システムを構築した。

3. 某市の教育委員会は，各校にエッジサーバを設置して，市内の全生徒の登下校状況などを集計しているが，個人名が特定できるような詳細をインターネット上に公開している。

4. 全世界に複数の生産拠点を有する製造業者が，IoTによる稼働情報を各工場で収集分析し，その結果のみを本社にて集約検証することでカイゼンにつながった。

解答解説

1. 適切です。
2. 適切です。
3. 適切ではありません。
   同意を得ずに詳細をインターネット上に公開しているのは，個人情報保護法違反の恐れがあります。
4. 適切です。

（解説）

　顔認証システムは，膨大な画像情報を瞬時に解析する必要があり，処理装置と通信回線には即時性が求められることから，エッジコンピューティングの利活用が好ましいでしょう。

　通信網が整備されていない地域では通信回線能力が乏しいと思われ，できるだけ回線に負荷がかからないシステムを構築すべきであり，エッジコンピューティングによって通信間隔を「常時」から「1時間毎」にすることで回線負荷の低減が期待できます。

　全生徒の登下校の状況は，個人情報として扱われる可能性が非常に高いと考えられます。BIG DATAの収集や蓄積にあたっては，個人情報保護が確実に担保されなければなりません。

　4.には「全世界」とありますが，通信回線の能力や安定性は未だ完全ではない地域も多いと思われます。特に即時性を要求されない情報は，エッジコンピューティングにて収集するほうが好ましい場合が多いでしょう。

IoTサーバ①

問　題：BIG DATAの収集にあたり，各種情報が蓄積される機能は「IoTサーバ」といわれている。「IoTサーバ」の選定において最も**適切でないもの**を1つ選びなさい。

選択肢：

1. 安定性や信頼性が高いこと。

2. 責任の所在元を明確にするため，必ず民間企業が製作した知名度の高いオペレーティングシステム上で稼働させること。

3. 強固なファイアウォールなどを搭載しセキュリティの配慮が万全であること。

4. バックアップ機能などの冗長性に優れていること。

1. 適切です。
2. 適切ではありません。
   オペレーティングシステムは特に問いません。
3. 適切です。
4. 適切です。

（解説）

　「IoTサーバ」の目的の1つは「貯める」ことです。IoTセンサーなどから長時間にわたって連続的に提供されるBIG DATAの収集には，高度な安定性や信頼性が要求されます。

　また，BIG DATAには個人情報に該当する内容もあり，高度なセキュリティ機能によりデータが保護されることが必須です。生産設備と連動している場合もあり，サイバー攻撃などへの防御機能により外部からの影響を受けないようにしなければなりません。

　さらには「貯めたデータ」の保全も重要であり，バックアップ機能やシステムの冗長化＊（二重化）機能などにより「貯めたデータ」が失われないように最善を尽くさなければなりません。

　いわゆる「サーバOS」を選択する場合は，市場シェアや知名度，ユーザインタフェース方式などではなく，上記項目やデータベース，周辺システム，AIやBI（Business Intelligence）ツールなどとの連携を考慮するのも望ましいと思われます。

IoTサーバ②

問　題：以下は「IoTサーバ」について記したものである。「IoTサーバ」の説明として最も**適切でないもの**を1つ選びなさい。

選択肢：
1. 「IoTサーバ」とは，物理的にその形や姿を表すものではなく，BIG DATAを収集するための「機能」を表すことが多い。

2. エッジコンピューティングにおいて，「IoTサーバ」はローカル側に設置，設定されるほうが好ましい場合もある。

3. 最近では，「IoTサーバ不要」として「IoTサーバ」機能を含んでいるクラウドサービスが存在する。

4. IoTサーバは，必ずクラウド上に存在しなければならない。

解答解説

1. 適切です。
2. 適切です。
3. 適切です。
4. 適切ではありません。
　　エッジコンピューティングの概念から，クラウド上に存在しない場合もあります。

（解説）
　「IoTサーバ」は各種センサーや端末装置などから出力されてくるデータを「貯める」ことが主目的であり，それらとの接続経路や方法，内容，距離（有線か無線か，直列か並列か，アナログかデジタルか，等）などにより設置場所や方法を検討する必要があります。また「サーバ」は物理的な存在を表すほかに，機能や概念を表す場合があります。
　「IoTサーバ（機能）」の存在場所は，Society5.0におけるBIG DATAのあり方としてはクラウド上の存在が見受けられますが，最近ではエッジコンピューティングの定義により，その状況に応じてクラウド上以外の最適箇所に設置，設定される場合もあります。
　さらに，最近では「IoTプラットフォーム*」や「サーバレス*・コンピューティング」などと称して，「IoTサーバ機能」を含有したクラウドサービスが提供されるなどして，ユーザーの利便性が図られる傾向にあります。

IoTサーバ③

問　題：A社では，BIG DATAの収集によるカイゼンプロジェクトを立ち上げるにあたり，実際にデータを貯める「IoTサーバ」の在り方について会議が行われた。出席者の発言内容として最も**適切でないもの**を１つ選びなさい。

選択肢：

1. この場合のIoTサーバ機能が搭載される情報処理装置は，基本OSとして操作性の良い優れたGUI*でなければならない。

2. IoTサーバは，目的のBIG DATAに対して十分な容量を確保できるようにすべきであり，かつそのバックアップ機能も考慮すること。

3. センサーや情報端末との接続には，信頼性が高く低コストな回線を利活用したい。

4. BIG DATAによる分析結果がいかなるものであれ，個々の情報の所在は十分配慮されなければならない。

解答解説

1. 適切ではありません。
   サーバ機能のOSは不問です。
2. 適切です。
3. 適切です。
4. 適切です。

（解説）

　「IoTサーバ」の構築にあたり，貯めるデータの容量の設計は重要な課題です。運用開始後，容量などの内部仕様の変更は，想定外の事態を招く恐れがあります。また，「IoTサーバ」と端末などの接続回線の信頼性が高いことは好ましいと思われますが，その回線利活用コストが高額の場合，プロジェクトの好成果が得られないことにもなりかねません。

　さらに，収集される個々の情報は，個人情報保護を前提として取り扱いには十分な配慮が求められます。

　サーバ機能を司るOSは，信頼性が高いことやセキュリティ機能を有することなども重要ですが，GUIベースでの操作性や知名度は特に重要なことではありません。

クラウド①

問　題：以下は「クラウド」の一般的な特徴を記している。最も**適切でないもの**を1つ選びなさい。

選択肢：

1. IoT機器が収集したデータは，クラウドなどのインターネット上のサーバに送信および保存されることで，円滑なデータの集約と蓄積が可能になる。

2. センサー等を搭載した複数のIoT機器で得られた情報を集約することで，さまざまな種類の情報がクラウド上のサーバに集まる。

3. IoT機器によって収集される情報には，画像データ，音声データ，温度や湿度などの数値データ，機械の稼働率などの生産データなどさまざまである。

4. クラウド上のサーバは，大容量のデータ保存が可能だが，短期間の保存に限られる。

解答解説

1. 適切です。
2. 適切です。
3. 適切です。
4. 適切ではありません。
   クラウド上でのデータ保存が短期間に限られることはありません。

（解説）

　IoT機器などから幅広い範囲で収集されるBIG DATAは，「クラウド」を利活用することにより広範で大規模な活用が可能になります。

　多様なセンサーや入力機器（カメラやマイク，バーコードリーダ，カードリーダ，デジタルタグなど）を搭載したIoT機器装置などで収集される情報は非常に多彩であり，具体的には画像や音声データ，温度や湿度，機械の稼働状況などがあります。

　センサーが接続されたIoT機器装置やエッジコンピュータなどのローカル側のサーバは，記憶する機能を持っていても容量が小さいため，クラウド上のサーバは大容量のデータを長期間保存できる必要性があります。

クラウド②

問　題：BIG DATAの収集における「クラウド」のあり方について最も<u>適切でないもの</u>を1つ
　　　　選びなさい。

選択肢：
1. セキュリティについて，十分に考慮されていることが重要である。

2.「貯める」データの容量の検討は十分に行われるべきである。

3. クラウドサービスの契約に際し，容量当たりの価格が最も重要であり，その部分のみを検
　 討して決定すればよい。

4. クラウドサービスには冗長性があり，稼働率などSLA（Service Level Agreement：サービ
　 ス品質保証）が明文化されていることが望ましい。

解答解説

1. 適切です。
2. 適切です。
3. 適切ではありません。
　 容量，単価だけでなく，サービスレベルやセキュリティ等，多方面の機能を検討すべきです。
4. 適切です。

（解説）
　幅広い範囲から収集されるBIG DATAには，個人情報や企業の機密などに関わる重要な情報
が数多く含まれています。ゆえにBIG DATAの取り扱いには，セキュリティ対策が十二分に講
じられていなければなりません。
　また，プロジェクトなどの全体目的に対し，どれだけのBIG DATAを貯める必要があるかの
検討もされなければなりません。一般的には「クラウドサービス」の価格の大きな要素は「容
量」ですが，前述のセキュリティ機能が疎かになったり，冗長性などの信頼性に関わる部分が
担保されていない「安かろう悪かろう」であってはなりません。
　契約の際には，プロジェクトの目的や予算などから，クラウドサービス提供各社の条件を比
較し，価格対性能および機能比を十分に検討することも重要でしょう。最近では，海外に設置
されたデータセンターを利活用することでコストが低減される場合があります。

データベース

問　題：Society5.0における「BIGDATA（B領域）」の「データベース」についての説明として最も**適切でないもの**を1つ選びなさい。

選択肢：

1. ここでいう「データベース」とは，1つの概念であり特定のソフトウェアやシステムの名称を表すものではない。

2. この領域の「データベース」には，AIに関する高度な分析能力が求められる。

3. 収集されたBIG DATAを整理整頓する機能を意識することが望ましい。

4. 「AI（A領域）」での処理が円滑に行えるような「橋渡し機能」も求められる。

解答解説

1. 適切です。
2. 適切ではありません。
   データベースにAI機能そのものが備わっている必要はありません。
3. 適切です。
4. 適切です。

（解説）

　一般的に「データベース」とは，あらゆる膨大な情報を分析や解析するなど，高度な処理ができるシステムが想像されます。Society5.0の全体概要において，分析や解析は上位の「AI」や「BI」が行うため，ここでいう「データベース」にはその処理能力よりも，AIやBI，あるいは「分析する：AI（A領域）」の各種システムが円滑に処理を行えるような機能を有しているるべきでしょう。

　また「エッジコンピューティング」や「クラウド」の「IoTサーバ」に蓄積されているビッグデータをAIが処理しやすいように展開（橋渡し）できることが望ましいともいえます。

　BIG DATAを扱う「データベース」は，旧来のRDB（リレーショナルデータベース：データを複数の表として管理し，その表と表を関連付けて定義することで複雑なデータの関連性を扱えるようにする管理手法）に替わって，RDB以外のデータベース管理手法である「NoSQL」が利活用されます。最近ではさらに進化した「NewSQL」といわれる「RDB」の使い勝手と「NoSQL」の高速処理を併せ持った技術手法に移行しつつあります。

BIG DATAの実例①

問　題：次のさまざまな分野におけるBIG DATAの具体的な適用例として，最も**適切でないもの**を1つ選びなさい。

選択肢：

1. 「交通」において，自動車運行の渋滞緩和や事故減少などが期待できる。

2. 「医療・介護」において，少子化を減少させ，また高齢者層の増加による社会保障費を低減することにつなげられる。

3. 「ものづくり」において，熟練技術の伝承（匠の技のデジタルモデル化）が期待できる。

4. 「農業」において，気象情報や生育情報から食料の安定生産や労働生産性向上が期待できる。

解答解説

1. 適切です。
2. 少子化の減少や社会保障費の低減は別問題です。→相応しくありません。
3. 適切です。
4. 適切です。

（解説）

　Society5.0における新たな価値の事例として，さまざまな事象（分野）においてのBIG DATAの活用事例やあり方が示されています。

　「交通」においては，移動の円滑化（移動手段や経路の最適化）によるGHG（Green House Gas：温室効果ガス）＊削減や高齢者や障がい者の移動支援などもあげられています。

　「ものづくり」では，BIG DATAの活用は産業や経済に直接影響することとなるため，「産業のバリューチェーンの強化」すなわち「サプライヤー→工場→物流→顧客」の一連の流れの円滑化もよりいっそう求められています。また，熟練技能の見える化（デジタル化）による伝承も期待できます。

　「農業」においては，農作業の自動化や省力化，消費者のニーズに合わせた最適生産などの「スマート農業」が進められています。

　「医療・介護」においては，医療・介護機関におけるすべての情報がすべての人々の健康と幸せに直結するものであり，BIG DATAの利活用が最も期待される分野であると思われます。ただし，少子化や人口減少の課題に直接関係するものではないでしょう。

BIG DATAの実例②

問　題：次のさまざまな分野におけるBIG DATAの具体的な適用例として，最も**適切でないもの**を1つ選びなさい。

選択肢：

1. 「食品」において，家庭用および業務用冷蔵庫のIoT化とその情報をBIG DATAとして収集分析できたなら，食材のロス低減が期待できる。

2. 「防災」では，人工衛星や地上気象レーダなどからのBIG DATA解析により，地震などの天変地異の発生を減少させることが期待できる。

3. 「エネルギー」において，気象情報，電力の使用状況，発電所などの運転状況などの各情報から，最適需給調整による環境負荷の低減につなげられる。

4. その他Society5.0におけるBIG DATAの利活用は，人々が「快適」に「活力」のある「質の高い生活」を営む「人間中心の社会」を目指すべきものである。

解答解説

1. 適切です。
2. 適切ではありません。
   地震などの予兆検知の可能性はありますが，天変地異そのものを減少させることはできません。
3. 適切です。
4. 適切です。

（解説）

　Society5.0における新たな価値の事例として，さまざまな事象（分野）においてのBIG DATAの活用事例やあり方が示されています。

　「食品」においては，アレルギー情報や個人や家族の嗜好に合わせた料理の提案など，人々の生活がより豊かになることも期待されます。

　「エネルギー」では，電力の安定供給を前提とし，EV（電気自動車）やFCV（燃料電池自動車）などによる充放電や水素などの新エネルギー源の登場などに対応できるよう，今後もさまざまなBIG DATAのあり方が求められるでしょう。

　「防災」において，現段階においてはBIG DATAと地震などの天変地異の発生との絶対的な関連性や相関関係は解明されていないと思われ，また仮に解明されたとしても自然災害の発生を食い止めることはできないでしょう。ただし，その予兆を検知できれば被災を最小限に抑えることも可能になり，安心・安全な人々の暮らしを導くこともできるようになるでしょう。

　いずれの分野においても，Society5.0は「人間中心の社会」を提唱するものです。

BIG DATA 活用の法整備

問　題：以下はBIG DATAの有効活用を目指し，2015年に改正された個人情報保護法について記したものである。その説明について最も**適切でないもの**を1つ選びなさい。

選択肢：

1. 改正個人情報保護法は，2017年5月に全面施行された。

2.「匿名加工情報制度」が新設され，BIG DATAの活用促進が期待できる。

3.「匿名加工情報」とは，特定の個人を識別することができないように個人情報を加工し，その個人情報を復元できないようにした情報のことをいう。

4. 事業者は，いかなる状況でも本人の同意を得ることなく個人情報を利活用することが可能である。

解答解説

1. 適切です。
2. 適切です。
3. 適切です。
4. 適切ではありません。本人の同意を得ることなく個人情報は利活用できません。

（解説）

　「匿名加工情報」とは，特定の個人を識別することができないように個人情報を加工し，当該個人情報を復元できないようにした情報のことをいいます。一定のルールの下で，本人の同意を得なくても事業者間におけるデータ取引やデータ連携を含むパーソナルデータの利活用を促進することを目的に，個人情報保護法の改正によって新たに導入されたものです。匿名加工情報を作成する事業者は，主に以下のとおり個人情報を加工する必要があります。

- 特定の個人を識別することができる記述（氏名など）の全部または一部の削除。
- 個人識別符号（マイナンバー，運転免許証番号など）の全部の削除。
- 個人情報とほかの情報を連結する符号（ユーザー ID，アカウントなど）の削除。
- （個人が特定できる）特異な記述（特異な年齢や疾病）の削除。
- その他，個人情報をデータベース内の他の個人情報との差異などの性質を勘案し，適切な措置を講ずる。

また，事業者には以下の公表義務が課されます。

- 匿名加工情報の作成後遅滞なく，当該匿名加工情報に含まれる個人に関する情報の項目を公表すること。
- 匿名加工情報を第三者に提供するときは，予め当該匿名加工情報に含まれる項目および匿名加工情報の提供の方法を公表すること。

BIG DATA 用語解説集

用語解説

オープンデータ*
　営利，非営利を問わず無償で二次利活用が可能なデータ。機械判読が可能な形に整形されたもの。

クローズデータ*
　オープンデータの反意語。個人や企業などの個体のもとに，著作権や特許などの制約を受けるデータ。

サイバー攻撃*
　クラッカーと呼ばれる反社会勢力に属する，あるいは悪意を持った個人や集団が，インターネットなどのコンピュータネットワークにおいて，コンピュータウイルスの大量発信，データの破壊・改ざんや盗聴など，社会や企業に不利益な行為を行うこと。

冗長化*
　システムに障害が発生した場合でも機能を維持できるよう，予備の装置を平常時から並行して稼働させる構成。

サーバレス*
　サーバレス・システムを利活用するユーザーは，容量や冗長性などを意識することなくサーバ機能を利活用することができる一種の「クラウドサービス」のこと（マネージドサービス）をいう。「サーバレス=サーバが無い」ということではない。

IoTプラットフォーム*
　IoTデバイス（センサーなど）や各種アプリケーション（ソフトウェア），ネットワーク接続機器装置および回線など（ハードウェア）を効率的に接続，連携させるために土台となるシステム装置あるいは概念を表す。AI・IoTの運用において，AI・IoTに関わるあらゆる機器や装置，情報が集約されてくる中心的な存在となる。

GUI*
　Graphical User Interfaceの略。コンピュータの利活用者（ユーザー）がグラフィカルな画面とマウスやタッチパネルなどの入力装置により，直感的な操作（インタフェース）ができるような方式である。

第3節　AI（A領域）サンプル問題と解説

Society5.0におけるAI

問　題：Society 5.0におけるAIの利活用方法について，最も**適切でないもの**を1つ選びなさい。

選択肢：
1. Society 5.0におけるAIは，サイバー空間に存在するクラウドサービス（データベース）にインターネット経由でアクセスすれば利活用が可能となる。

2. Society 5.0におけるAIは，フィジカル空間のセンサーからの膨大な情報であるBIG DATAを人工知能で解析して人間にフィードバックされることで，新たな価値を産業や社会にもたらすことになる。

3. Society 5.0におけるAIは，人がサイバー空間に存在するクラウドサービス（データベース）にインターネットを経由してアクセスして，情報やデータを入手し，分析することである。

4. Society 5.0におけるAIは，人間が情報を解析することで価値が生まれるものであり，決してAIがすべての人の代わりになることはない。

解答解説

1. 適切です。
2. 適切です。
3. 適切ではありません。
   Society 5.0におけるAIは，人がサイバー空間＊に存在するクラウドコンピューティングサービス＊のデータベースにインターネットを経由してアクセスすることはありません。また，人が情報やデータを入手し，分析することではなく，AIが分析することになります。
4. 適切です。

（解説）

　政府が提唱するSociety5.0におけるAIは，サイバー空間に存在するクラウドサービス（データベース）にインターネット経由でアクセスすれば利活用が可能となることや，フィジカル空間＊のセンサーからの膨大な情報であるBIG DATA＊を人工知能で解析して人間にフィードバックされることで新たな価値が産業や社会にもたされることになることなどが挙げられています。

　ただし，Society5.0の時代になろうともAIは人間が情報を解析することで価値が生まれるものであり，決してAIがすべての人の代わりになることはありません。

Connected Industries における AI

問　題：Connected Industries における AI の利活用方法について，最も**適切でないもの**を1つ
　　　　選びなさい。

選択肢：

1. Connected Industries における AI の利活用は，データがつながり，有効活用されることに
　 より技術革新，労働生産性向上，技能伝承などを通じた課題解決を目的としている。

2. Connected Industries における AI の利活用方法は，Made in Japan，産業用ロボット，カイ
　 ゼン等に続く，日本の新たな強みにすることを目的としている。

3. Connected Industries における AI の利活用方法は，事業所・工場，技術・技能等の電子デー
　 タ化は進んでいるが，それぞれバラバラに管理され，連携していないことを解決する目的
　 の1つである。

4. Connected Industries における AI の利活用方法は，人の代わりに導入することが最大の目
　 的であり，AI が導入されることで企業の人員削減を目的としている。

解答解説

1. 適切です。
2. 適切です。
3. 適切です。
4. 適切ではありません。
   AI の利活用は，人の代わりになることは重要な効果面となりますが，決して AI が人の代わ
   りになり人員削減を目的とすることはありません。AI により，人でしかできないような付
   加価値の高い業務に対応する時間を増やすことが重要です。

（解説）

　Connected Industries に関する AI は，技術革新，労働生産性向上，技能伝承などを通じた課
題解決を目的としており，また事業所・工場，技術・技能等の電子データ化は進んでいるが，
それぞれバラバラに管理され，連携していないことを解決することも目的の1つとしています。

　ひいては，わが国の Made in Japan，産業用ロボット，カイゼン等に続く，日本の新たな強
みにすることもその目的としています。

AIの全体概要

問　題：AIシステムについて最も**適切でないもの**を1つ選びなさい。

選択肢：

1. AIは機械学習とディープラーニングの2つに分類され，それぞれ用途によって利活用方法が異なっている。現在は徐々にディープラーニングのAIツールが増えてきている。

2. 生産・販売・在庫・基幹システムにAIやBI機能を付加して分析することでさまざまな分析が可能となる。

3. BIG DATAの分析にはAIやBIで分析することが必要であり，AIやBI単体で分析データが多元的に収集できない場合，効果は限定的となる。

4. データを分析するには必要なデータを必要なタイミングで収集し，それらを分析することが必要であるが，決してデータがなくともAIが自律的に分析できるので，AIに任せればすべて解決する。

解答解説

1. 適切です。
2. 適切です。
3. 適切です。
4. 適切ではありません。
   AIでデータを分析するには，必要なBIG DATAを収集し，それらをAIなどで自律的に分析することが重要です。データが無ければ分析もできませんが，反対にAIに任せればすべて解決するということはありません。最後は人がAIのデータの結果を見て，課題解決を行うことが重要です。

（解説）
　①生産管理システム，②販売管理システム，③在庫管理システム，④基幹システム，⑤BI（ビジネスインテリジェンス），⑥AI（人工知能）などの技術の組み合わせによって必要なデータを分析します。

生産管理システムにおけるAI

問　題：生産管理システムにおけるAI（BI）の利活用方法について，最も適切なものを1つ選びなさい。

選択肢：

1. 生産管理システムにAIを利活用することで，生産状況のすべてが見える化できるため，人間のオペレーションは必要なくなる。結果，ほとんどの製造業で人員削減にAIを利活用する方法が取り組まれている。

2. 生産管理システムのデータをAIで利活用することで，需要予測，生産計画，生産実施，生産統制などを自動的に最適化することができるなどのメリットがある。

3. 生産管理システムでAIを利活用するためには，生産現場を知る人材を必ずしもサポートさせる必要がない。

4. 生産管理におけるAIはプログラムの複雑性から効果的ではなく，実際に生産管理システムにAIを利活用する企業はほとんどない。

解答解説

1. 適切ではありません。
2. 適切です。
   生産管理は需要予測，生産計画，生産実施，生産統制というPDCAサイクルを生産管理システムとしてオペレーションを行うものです。
   生産管理は，販売，資材購買，製造，物流，品質など多くに関係しているため活動の範囲が広くとても複雑です。そこでAIで生産管理システムのデータを高度に分析することができれば最適な生産を高度に行うことが可能となります。
3. 適切ではありません。
4. 適切ではありません。

（解説）

　生産管理システムでは，人間のオペレーションをさらに高度化したり労働生産性の向上のためにAI*やBI*を導入していきます。

　したがって，AIやBIを導入することでより生産状況のすべてが見える化でき，複雑な生産現場の改善ができるようになっていきます。

販売管理システムにおけるAI

問　題：販売管理システムにおけるAI（BI）利活用方法について，最も適切なものを1つ選び
　　　　なさい。

選択肢：

1. 販売管理システムにAIを利活用することで，自動的に顧客に提案をするなど，営業事務が
自動化されるため営業事務が不要になる。

2. 販売管理システムでAIを使うことは全く無意味であり，人間が営業をすることが最も受注
確度が向上する。

3. 販売管理システムを導入すればAIを使う必要はなく，さまざまなデータは営業や営業事務
が分析してこそ効果がでる。

4. 販売管理システムの中でルーティーン業務（定型業務）になっている業務に対してRPAや
チャットボットなどを導入したり，AIで購買行動や需要予測をすることで販売管理が最適
化される。

解答解説

1. 適切ではありません。
2. 適切ではありません。
3. 適切ではありません。
4. 適切です。
　販売管理は1つの業務ではなく，仕入・受注・在庫・出荷・納品・請求・代金回収など販
売に関わる流れの管理を行います。その中で営業は事務ワークが非常に多く，特に見積書，
注文書，納品書などの伝票作成のルーティーン業務が煩雑となっています。
　そこでRPA＊を導入するなどで効率化を図ったり，自動音声解答のチャットボット＊などを
活用することやAIで購買行動や需要予測を行うことで効率的にMD（マーチャンダイジン
グ）活動が可能となります。

（解説）
　販売管理システムにおいても，人間のオペレーションをさらに高度化したり労働生産性を向
上させるためにAIやBIを導入していきます。
　したがって，AIやBIを導入することでより販売状況や顧客の情報が見える化できるように
なり，マーケットインへの営業改善ができるようになっていきます。

在庫管理システムにおけるAI

問　題：在庫管理システムにおけるAI（BI）利活用方法について，**最も適切でないもの**を1つ
選びなさい。

選択肢：

1. 在庫管理システムにAIを利活用することで，必要な量を必要なだけ発注する際のデータ分析が可能となり在庫切れなどの防止につながる。

2. 在庫管理システムでAIを利活用する場合，必要なデータをできるだけ大量に収集しBIG DATA化することで，より正確な在庫管理が可能となる。

3. 在庫管理にはシステムが必要なことはもちろん，AIやBIなどのツールがなければ在庫管理はできない。

4. AIやBIなどを活用して在庫管理をしっかりと行うことで企業のキャッシュフロー改善につながる。また在庫管理をしっかりと行うことで機会損失防止などにもつながる。

解答解説

1. 適切です。
2. 適切です。
3. 適切ではありません。
   在庫管理はシステムで管理することは無論ではありますが，決してAIやBIがなければ在庫管理ができないということではありません。
4. 適切です。

（解説）

　在庫管理とは，資材や商品など，必要な量を，必要な場所へ，必要な時に供給できるように企業に合った水準で維持するための活動をいいます。在庫管理は，仕入れや売上などさまざまなものに直結します。ある意味で在庫管理は企業を支える土台となるものであり，この土台をないがしろにすると，企業の経営はうまくいきません。

　したがって，AIやBIなどを活用して在庫管理を行うことはキャッシュフロー改善や機会損失防止にもつながります。

　在庫管理システムでAIやBIを利活用することで，人間のオペレーションをさらに高度化したり在庫管理の精度を向上させることができます。

　AIやBIを導入することで，より在庫状況が正確に見える化できるようになり，在庫の適正化とキャッシュフローの改善ができるようになっていきます。

ERPにおけるAI

問　題：ERP（企業資源計画）システムにおけるAI（BI）利活用方法について，最も適切なものを1つ選びなさい。

選択肢：
1. ERPはすべてBIが機能として付加されていくことで基幹業務の多角的な経営分析などが可能となる。またAI機能によりさらに複雑な分析結果が見える化できる。

2. ERPにAIを導入することで企業の経営管理はすべて自動化が可能となる。

3. ERPの導入により，先（未来）のことがすべてわかるため，それに従って経営することが正しい経営といえる。

4. ERPは，おおよそは低価格でしかも簡易的なため利活用ができない。利活用するためにはAIやBIが必須となる。

解答解説

1. 適切です。
   ERPは通常，BI機能が付加されているソフトウェアが通常となっています。今後，AI機能が付加されるようになるとさらに複雑な分析結果が見える化できるようになります。企業の過去のデータを分析することで未来を予測することが今後期待されています。
2. 適切ではありません。
3. 適切ではありません。
4. 適切ではありません。

（解説）
　ERPとは，Enterprise Resource Planning（企業資源計画）の略で，日本語では，統合基幹業務システム，基幹システムといいます。また，ERPパッケージ，ERPシステム，業務統合パッケージなどさまざまな呼び方もされています。
　ERPは，企業の「会計業務」「人事業務」「生産業務」「物流業務」「販売業務」などの基幹となる業務を統合し，効率化，情報の一元化を図るためのシステムとして誕生しました。
　ERPは，上掲の5つに分類されたシステムを統合し，ITサービスを提供します。これらのシステムは，多くの企業で共通して利活用され，企業運営に欠かせないものとなっています。
　また，BIからAIへ発展することで，より複雑な経営判断のためのデータとして利活用されることが可能となっていきます。

BI

問　題：BI（ビジネスインテリジェンス）について最も**適切でないもの**を1つ選びなさい。

選択肢：

1. BIツールはデータをグラフ化したり見える化が簡単にできるツールである。

2. BIでデータを見える化さえすれば，あとはそのデータをそのまま信じればよい。

3. 経営判断上の過去・現在・未来予測などの視点を提供するためにデータを大量に収集して BIG DATA化し，そのデータを活用して可視化するためのツールである。

4. 経営・会計・情報処理などの用語で，企業などの組織のデータを，収集・蓄積・分析・報告することにより，経営上などの意思決定に役立てる手法や技術のことである。

解答解説

1. 適切です。
2. 適切ではありません。
   BIはデータを見える化するツールであり，決してBIのデータを見える化すればそれで足りるわけではありません。BIの場合，特に見える化したデータを人間が解析して判断しなければなりません。分析結果に対してさらに複雑な解析などを行っていくことを，AIではディープラーニングといいます。
3. 適切です。
4. 適切です。

（解説）

　BI（ビジネスインテリジェンス：Business Intelligence）とは，経営・会計・情報処理などの用語で，企業などの組織のデータを，収集・蓄積・分析・報告することにより，経営上などの意思決定に役立てる手法や技術のこととなります。

　経営判断上の過去・現在・未来予測などの視点を提供するためにデータを大量に収集してBIG DATA化し，BIツールを利活用してグラフ化したりすることで見える化が簡単にできます。

機械学習

サンプル問題

問 題：AIにおける機械学習について最も**適切でないもの**を1つ選びなさい。

選択肢：

1. 機械学習は既にディープラーニングの発展により利活用をすることも少なくなってきており，いずれは衰退する技術である。

2. 機械学習はパターンと推論に依存して，特定の課題を効率的に実行するためにコンピュータシステムが使用するアルゴリズムおよび統計モデルである。

3. 機械学習とは，コンピュータがBIG DATAを学習し，分類や予測などのタスクを遂行するアルゴリズムやモデルを自動的に構築する技術である。

4. 機械学習は現在のAIの中核技術であり，ディープラーニングも機械学習の一部である。

解答解説

1. 適切ではありません。
   機械学習は一定の成果が上がっており，AIツールでは基本は機械学習が中心となっています。今後，ディープラーニングによる自律的な判断のAIが主流になっていきますが，機械学習のAIも，今後AIの基礎技術として利活用されていきます。
2. 適切です。
3. 適切です。
4. 適切です。

（解説）
　機械学習＊は，明示的な指示を用いることなく，その代わりにパターンと推論に依存して，特定の課題を効率的に実行するためにコンピュータシステムが使用するアルゴリズム＊および統計モデルの科学研究となります。
　また，機械学習とは，コンピュータがBIG DATAを学習し，分類や予測などのタスクを遂行するアルゴリズムやモデルを自動的に構築する技術です。
　現在のAIの中核技術であり，ディープラーニングも機械学習の一部です。
　機械学習でのAIツールも多数販売されており，現在のAIの主流ですが，今後ディープラーニング＊のAIとなってもしばらく残っていきます。

ディープラーニング

問　題：AIにおけるディープラーニングについて，最も**適切でないもの**を1つ選びなさい。

選択肢：

1. AIは機械学習の延長でディープラーニングが発展してきている。ディープラーニングの実現により将棋や囲碁電王戦で人間に勝利することができてきた。

2. ディープラーニング技術により自律的にAIが判断することが可能となり，自動運転や自動搬送のロボットが倉庫内で稼働することができるようになった。

3. AIは人間の脳の構造とは全く違い，単なるコンピュータの処理であり，プログラムを組まないと稼働しないなどの問題を抱えている。

4. ディープラーニング技術の発展により画像や音声で人の顔や声で反応することができるようになり，ロボットやアンドロイドなどでも利活用されるようになった。

解答解説

1. 適切です。
2. 適切です。
3. 適切ではありません。
   AIにおけるディープラーニングは，人間の脳と同じような構造を持っています。
4. 適切です。

（解説）

　　AIは人間の脳の構造であるニューラルネット・モデル＊（深層学習）が原理となります。

　　AIにおけるニューラルネット・モデルは人間の頭の構造であるニューラルネットワーク（神経細胞網）＊と比較するとわかりやすいです。人間の脳はニューロン（神経細胞）をシナプス経由で結合することで機能しています。AIは学習したいデータ（ビッグデータ）の特徴や情報の原データが入力層，かくれ層，出力層を経て，ずれを最終調整し正解を導きます。これをニューラルネット・モデルといい，AIの世界ではディープラーニングといいます。

AI用語解説集①

GHG*
　Green House Gasの略。温室効果ガスのこと。

サイバー空間*
　コンピュータネットワーク上で構成される仮想的な情報空間。

クラウドコンピューティングサービス*
　コンピュータの利活用方法の一種。接続先のコンピュータの所在地を意識せずに，クラウド（cloud：雲）の中のソフトウェアやデータにアクセスする。導入や運用が容易で，インターネット接続環境があればどこからでもアクセスできることがメリット。

フィジカル空間*
　現実の実世界の空間のこと。

BIG DATA*
　一般的なデータ管理・処理ソフトウェアで扱うことが困難なほど巨大で複雑なデータの集合のこと。

AI*
　Artificial Intelligenceの略で人工知能の意味。計算（Computation）という概念とコンピュータ（Computer）という道具を用いて知能を研究する計算機科学（Computer Science）のこと。

BI*
　Business Intelligenceの略。日々発生する組織のデータを蓄積・分析し，経営上の意思決定に活用すること。

RPA*
　Robotic Process Automationの略。ソフトウェアによって単純な事務作業を自動化すること。Digital Labor（デジタルレイバー）や仮想知的労働者と呼ぶこともある。

AI用語解説集②

用語解説

チャットボット＊
　AIを活用し，メッセンジャーやチャットからの問い合わせに自動で応答するプログラムのこと。

機械学習＊
　分析対象のデータからパターンを識別し，そのパターンにもとづいて予測を行うこと。

アルゴリズム＊
　問題解決のための方法，手順。

ニューラルネットワーク・モデル＊
　人間の脳の中の神経細胞「ニューロン」の結びつきに着想を得た数理モデルのこと。

第4節　SECURITY（S領域）サンプル問題と解説

Society5.0におけるセキュリティ

問　題：Society5.0やConnected Industriesにおける新たなサプライチェーン*全体のサイバーセキュリティ確保を目的として策定された「サイバー・フィジカル・セキュリティ対策フレームワーク（CPSF）*」について，最も**適切でないもの**を1つ選びなさい。

選択肢：
1. CPSFを活用することで，セキュリティ対策の実行によるバリュークリエーションプロセス*の信頼性を確保できる効果が期待できる。

2. CPSFは，付加価値の創造に取り組む主体が，その活動に必要なセキュリティ対策を講じようとする際に参照されることを想定している。

3. CPSFは，産業社会の全体像を捉えたものであるため，バリュークリエーションプロセスに取り組む一部の主体が対象となる。

4. CPSFは，技術等の変化に伴う見直し等も考慮し，三部構成（コンセプト，ポリシー，メソッド）を採用している。

解答解説

1. 適切です。
2. 適切です。
3. 適切ではありません。
   CPSFでは，バリュークリエイションプロセスのすべての主体が対象となります。
4. 適切です。

（解説）

　わが国では，多様なニーズにきめ細かく対応したモノやサービスを提供し，経済的発展と社会的課題の解決を両立する超スマート社会「Society5.0」の実現が提唱されている一方で，サイバー攻撃の脅威およびフィジカル空間への影響の増大という新たなリスクへの対応が求められます。そこで，経済産業省では，求められるセキュリティ対策の全体像を整理するとともに，産業界が自らの対策に活用できるセキュリティ対策例をまとめたCPSFを策定しました。

　このCPSFは，産業社会の全体像を捉えたものであるため，バリュークリエーションプロセスに取り組むすべての主体が適用対象となります。また，技術等の変化に伴う見直し等も考慮し，コンセプト/ポリシー/メソッドの三部構成を採用しています。さらに，CPSFを活用したセキュリティ対策の実行によるバリュークリエーションプロセスの信頼性の確保が期待されます。そして，付加価値の創造に取り組む組織が，その活動に必要なセキュリティ対策を講じようとする際にCPSFを参照することを想定しています。

Connected Industries におけるセキュリティ

サンプル問題

問　題：Connected Industriesでは，データの信頼性を確保する必要があり，そのリスク対策が求められるとして，経済産業省においてサイバー・フィジカル・セキュリティ対策フレームワーク（CPSF）を策定した。そこで，求められるセキュリティの要求について，最も**適切でないもの**を1つ選びなさい。

選択肢：

1. フィジカル・サイバー間を正確に転写する機能の信頼性を確保

2. 耐震・津波対策等による設備の確実な動作と提供情報の信頼性を確保

3. 適切なマネジメントを基盤に各主体の信頼性を確保

4. 自由に流通し，加工・創造されるサービスを創出するためのデータの信頼性を確保

解答解説

1. 適切です。第2層における信頼性の基点のことです。
2. 適切ではありません。
   サービス停止が許容されない設備（たとえば，電気通信設備など）の維持や更新時における考え方です。
3. 適切です。第1層における信頼性の基点のことです。
4. 適切です。第3層における信頼性の基点のことです。

（解説）

　CPSFは三部構成となっています。第Ⅰ部はサイバー空間とフィジカル空間が高度に融合した産業社会における産業分野のサイバーセキュリティの在り方として，この文書のコンセプトを明示しています。第Ⅱ部では，バリュークリエーションプロセスのリスク源になるものを整理し，その対策要件を抽出するポリシーについて，また，第Ⅲ部では，第Ⅱ部の結果に対応したセキュリティ対策例などのメソッドについて記載しています。

　このうち，第Ⅰ部において，バリュークリエーションプロセスのセキュリティを確保するための信頼性の基点について記載しています。そして，バリュークリエーションプロセスが発生する産業社会を，企業間のつながりの第1層，フィジカル空間とサイバー空間のつながりの第2層，サイバー空間におけるつながりの第3層という三層構造モデルで整理しています。各層において選択肢に記載したそれぞれの信頼性を確保することで，バリュークリエーションプロセス全体のセキュリティ要件が実現できるとしています。

情報セキュリティの3要素

問　題：情報セキュリティとは，いろいろな脅威から大切な情報資産を守ることをいうが，このとき，3要素といわれる機密性・完全性・可用性を確保することが重要となる。この3要素に関する記述として最も適切なものを1つ選びなさい。

選択肢：

1. 可用性とは，認可されていない個人，エンティティ*またはプロセス*に対して，情報を使用不可または非公開にする特性のことである。

2. 完全性とは，資産の正確さおよび完全さを保護する特性のことである。

3. 機密性とは，認可されたエンティティが要求したときに，アクセスおよび使用が可能である特性のことである。

4. 真正性とは，意図する行動と結果が一貫しているという特性のことである。

解答解説

1. 適切ではありません。本肢は「機密性」のことです。
2. 適切です。
3. 適切ではありません。本肢は「可用性」のことです。
4. 適切ではありません。本肢は「信頼性」のことです。

（解説）

　JIS Q 27002：2006*では，情報セキュリティを「情報の機密性（Confidentiality），完全性（Integrity），可用性（Availability）を維持すること」と定義しています。これらのアルファベットの頭文字をとって，"CIA"ともいわれています。

　このCIAは，組織の情報資産（たとえば，パソコン，電子ファイル，紙文書など）の価値が損なわれないように保護し，その情報資産を利活用できる権利のある人が，最新の状態で，いつでも利活用できる状態にしておくことを意味します。また，CIAは「情報セキュリティの3要素」とも称され，情報セキュリティにおいてとても重要な概念です。

　さらに，JIS Q 27000：2014*においては，真正性*（authenticity），責任追跡性*（accountability），信頼性*（reliability），否認防止*（non-repudiation）のような特性を維持することを含めてもよいとされています。

パスワードの管理方法

問　題：システムやサービスを利活用する際，利活用者識別のための利活用者IDと利活用者認証のためのパスワードを用いるケースが多くある。そのうち，パスワードの管理方法に関する記述として最も適切なものを1つ選びなさい。

選択肢：

1. 現在契約している複数のサービスを迅速に利活用するため，同じパスワードを入力している。

2. 多くのセンサーを使うIoTシステムを急いで組み上げなければいけないので，IoT機器のパスワードは購入時点で登録されているものをそのまま使っている。

3. 推測されにくい複雑なパスワードを設定し，誰にも教えないで秘密にして使っている。

4. サービス提供者から10桁以上の複雑なパスワード設定を求められたので，忘れないように付箋に書き留め，ディスプレイに貼付している。

解答解説

1. 適切ではありません。同じパスワードを使い回していた場合，一度，他人に知られてしまうと，他のサービスも芋づる式に不正利活用されてしまいます。
2. 適切ではありません。購入時に設定されているログインIDやパスワードは公知の情報ですので，そのまま使用すると不正利活用や情報流出につながります。
3. 適切です。
4. 適切ではありません。他人の目に触れるところに保管すると，容易に本人になりすますことができてしまいます。

（解説）

　多くの場合，パスワードは本人だけが知る情報ですので，それを使うことで正当な権利があることを確認できますが，「本人であること」を確実に証明するものではありません。

　これまで，パスワードの管理方法として，定期的に変更することが推奨されてきましたが，2018年3月に，総務省ホームページ「国民のための情報セキュリティサイト」において，定期的な変更は不要とアナウンスされました。これは，サービスを提供する側がパスワードの定期的な変更を要求すべきではないことが示されたためです。そこで，容易に解読できないように，長い桁数，かつ，複雑な設定とすることが推奨されます。また，流出時には速やかに変更することがポイントとなります。

標的型攻撃への対応

問　題：近年，ある特定の組織を狙って行われるサイバー攻撃である「標的型攻撃*」が増加
　　　　している。年々，巧妙化・複雑化していく標的型攻撃から企業が従業員に守らせる対
　　　　策として，最も**適切でないもの**を１つ選びなさい。

選択肢：
1. 相手が特定できない状況で電話やチャット等を使って安易に重要情報を伝えないことを，
　　社内規程で決めておく。

2. 送られてきたメールの送信元メールアドレスを確認し，身に覚えのないメールアドレスか
　　ら送信されていた場合は添付ファイルを開かないよう注意喚起する。

3. 受け取った文書ファイルがマクロ機能を使っていた場合，日頃から業務で使っている機能
　　なので，無条件でコンテンツの有効化を行って作業させる。

4. 利活用しているアプリケーションソフトの提供事業者からアナウンスのあった更新プログ
　　ラムは適宜適用し，常に最新の状態に保つよう指導する。

解答解説

1. 適切です。
2. 適切です。
3. 適切ではありません。
　　マクロ機能は便利な機能ですが，ウイルス感染の手口としても利用されているため，十分
　　な理解のもとで利活用することが求められます。
4. 適切です。

（解説）
　標的型攻撃は，特定の企業や組織の重要な情報を窃取するなど，明確な目的をもって行われ
ます。また，目的達成のために，長期間にわたって窃取活動を行うことも見かけられます。
　標的型攻撃で見られる手口として，攻撃者は，まず，対象組織を攻撃するための情報をさま
ざまな方法で収集します。その情報をもとに，メールやWebサイトを通じて対象組織のパソ
コンをウイルス感染させます。そのウイルスにより，パソコンと攻撃者の管理する外部のサー
バを通信させることで，新たなウイルスがパソコンにダウンロードされます。新たなウイルス
が対象組織の内部情報を調査することで，目的の重要情報を見つけ出し，攻撃者がそれを取得
することになります。
　利活用者や組織，システムといった幅広い観点で対策を実施することが望まれます。

ホームページへのアクセス

問　題：ホームページのアドレスで，"https://"で始まる文字列がよく見受けられる。これは，データの内容が他人に知られないようにするための対策で，SSL（Secure Socket Layer）と呼ぶ技術を使っている。このSSLに関する内容について，最も**適切でないもの**を1つ選びなさい。

選択肢：

1. アクセスしたホームページの内容が，他人によって通信の途中で書き換えられていない。

2. SSLを利活用したホームページにアクセスすると，アドレスバー*の色が緑色に変わったり，鍵のマークが表示されたりする。

3. ある時刻にその電子データが存在していたことと，それ以降書き換えられていないことを証明している。

4. Webブラウザとホームページのあるサーバ間でやり取りするデータが暗号化され，安全に送受信できる。

解答解説

1. 適切です。
2. 適切です。
3. 適切ではありません。
   これはタイムスタンプ技術*のことです。
4. 適切です。

（解説）

　SSLは，インターネットにあるWebサーバとそれを利活用するパソコンのWebブラウザとの間でやり取りするデータの暗号化*を実現する技術です。これにより，通信の途中でデータが盗み見られることや書き換えられることを防いでいます。また，暗号化に加え，通信相手としての本人を証明し，なりすましを防止しています。

　SSLが導入されている場合は，"https://"で始まるアドレス表示となり，併せてその表示エリアの色が緑色に変わったり，鍵のマークが表示されたりします。

　SSLを利活用したホームページは，信頼された機関（「認証局」といいます）の認証を受けたデジタル証明書が付与されます。このデジタル証明書には，運営組織の情報などが登録されているため，ホームページの利活用者に実在する信頼できる組織であることを訴求できます。

　そのほか，SQLインジェクション*やクロスサイトスクリプティング*などのホームページへの攻撃手法*がありますので，これらへの対策も講じる必要があります。

物理的セキュリティ対策

問　題：IoTなどのシステムが設置されている場所では，悪意を持った侵入者による設備破壊や台風・地震などの自然災害による設備損傷が考えられる。このような脅威に対する物理的セキュリティ対策として，最も適切なものを1つ選びなさい。

選択肢：

1. 発信元と送信先メールアドレスが，自社とは全く関係のないメールを中継することを禁止する。

2. 機密情報が保存されているサーバのある部屋に，施錠付き扉を設置する。

3. 他者から届いたメールの送信元のIPアドレスが，自社で使っているIPアドレスだった場合は，そのメールを破棄する。

4. 機密情報が保存されているサーバは，ユーザーID・パスワード認証に加え，指紋認証も加えた2要素認証システムにする。

解答解説

1. 適切ではありません。メールの第三者中継*に対する対策です。
2. 適切です。
3. 適切ではありません。IPスプーフィング*に対する対策です。
4. 適切ではありません。パスワードクラック*に対する対策です。

（解説）

　情報システムの物理的セキュリティ対策の基本は，重要な情報資産があるエリアには不審者を立ち入らせないようにすることです。そのために，そのエリアをレベル分けすることが行われます。たとえば，誰でも立ち入ることができるエリアは「レベル1」，許可された者だけが立ち入ることができるエリアは「レベル2」,特定の者しか立ち入ることができないエリアは「レベル3」などのようにします。このような機密度のレベルに応じて物理的エリア分けを対応させることで，情報管理が容易になります。

　また，アクセスを承認された者の入退室管理を行い，入退室の記録を残すことも有効です。特に，機密度の高い情報資産が保管されているエリアでは，セキュリティが侵害された場合に追跡が可能なように，監視カメラなどを使うこともあります。契約している保守事業者など外部の人が出入りする際には，必ず担当者が付き添うなど，入退室のルールを決めておくことも重要です。

　そのほか，PC紛失*などのセキュリティ事故にも備えておきましょう。

情報セキュリティポリシーの策定

問　題：情報セキュリティポリシーは，組織の情報資産*を情報セキュリティの脅威*から守るために策定される。効果的な情報セキュリティポリシーを策定するために注意すべき点について，最も**適切でないもの**を1つ選びなさい。

選択肢：

1. 守るべき情報資産やそれを利活用する者の範囲を明確にする。

2. 守るべき情報資産をまとめて確認できるように，できる限り抽象的に記述する。

3. 運用や維持体制を考慮しながら，社内の状況を踏まえて実現可能な内容にする。

4. 作成した情報セキュリティポリシーが運用中に形骸化することを避けるため，違反時の罰則を明記する。

解答解説

1. 適切です。
2. 適切ではありません。守るべき情報資産はすべて明確にすることが重要です。
3. 適切です。
4. 適切です。

（解説）

　情報セキュリティポリシーとは，組織において実施する情報セキュリティ対策の方針や行動指針のことです。一般的には，情報資産に対する脅威からの防御方法の基本的な考え方や情報セキュリティ確保のための体制，運用規定，基本方針，対策基準，罰則規定などが具体的に記載されています。

　また，情報セキュリティ対策は組織の持つ情報や組織の規模や体制によってさまざまありますので，それらを踏まえたうえで，その内容に見合う情報セキュリティポリシーにする必要があります。

　このような情報セキュリティポリシーは，組織への導入や運用を通して，そこで従事する人の情報セキュリティに対する意識の向上や取引先や顧客からの信頼性の向上といった二次的なメリットを得ることもできます。

　そして，このポリシーを整備するうえでとても大切なことは，情報セキュリティ担当者だけがネットワークやパソコンなどに対する情報セキュリティ対策を心がければよいというものではないという点です。情報資産を共有するすべての従業員や職員が適切な情報セキュリティ意識を持たなければ，ウイルス，情報漏えいなどから組織を守ることは困難です。

サイバーセキュリティ経営ガイドライン

問　題：経営者が認識すべきサイバーセキュリティに関する原則などをまとめた「サイバーセキュリティ経営ガイドラインVer2.0」が経済産業省から公開されている。そこに記載されている経営者が認識すべき3原則について，最も**適切でないもの**を1つ選びなさい。

選択肢：

1. インシデント発生時の緊急対応体制を整備する。

2. 経営者は，サイバーセキュリティリスクを認識し，リーダーシップによって対策を進めることが必要である。

3. 自社はもちろんのこと，ビジネスパートナーや委託先も含めたサプライチェーンに対するセキュリティ対策が必要である。

4. 平時および緊急時のいずれにおいても，サイバーセキュリティリスクや対策に係る情報開示など，関係者との適切なコミュニケーションが必要である。

解答解説

1. 適切ではありません。これは，経営者が指示すべき重要10項目の中の1つです。
2. 適切です。
3. 適切です。
4. 適切です。

（解説）

　最近のサイバー攻撃は巧妙化，かつ，複雑化しており，年々それが加速している状況にあります。このような状況では，IT部門やセキュリティ担当者だけの範囲では手に負えなくなっています。

　そこで，サイバーセキュリティ対策を成功させるために，経営としてのサイバーセキュリティ対策の認識を問うことが重要であることから，経済産業省は大企業および中小企業（小規模事業者を除く）の経営者を対象にした「サイバーセキュリティ経営ガイドラインVer2.0」を策定しました。このガイドラインの前半部分で，サイバー攻撃から企業を守る観点で経営者が認識する必要のある「3原則」を明記しています。選択肢の「2」～「4」がその内容になります。

　そのほか，同ガイドラインでは，サイバーセキュリティ対策を実施するうえでの責任者となる担当幹部（CISO*等）に対して，経営者が指示すべき重要10項目*を明示しています。

IoTセキュリティガイドライン

問　題：IoTの普及に伴いサイバー攻撃の被害に遭う可能性を抑制する目的で，「IoTセキュリティガイドラインver1.0」*が公開されている。このガイドラインではIoT機器やシステム，サービスの利活用者のためのルールを定めている。そのルールについて，最も**適切でないもの**を1つ選びなさい。

選択肢：

1. 問合せ窓口やサポートがない機器やサービスの購入・利活用を控える。

2. 初期設定に気をつける。

3. 使用しなくなった機器についてはそのまま放置する。

4. 機器を手放すときはデータを消す。

解答解説

1. 適切です。
2. 適切です。
3. 適切ではありません。
   使用しなくなった機器は，そのまま放置せず電源を切りましょう。
4. 適切です。

（解説）

　IoT機器やシステム，サービスに対してリスクに応じた適切なサイバーセキュリティ対策を検討するための考え方をまとめた「IoTセキュリティガイドラインver1.0」が，総務省および経済産業省から公表されています。

　対象者は，IoTを利活用する組織に限らず，システムを提供する組織も含まれ，それぞれの役割分担および協力体制について記載しています。

　主な内容は，利活用者のためのルール（初期設定への注意事項，機器廃棄時のデータ消去など）のほか，IoT機器やシステム，サービスの提供にあたってのライフサイクル（方針，分析，設計，構築・接続，運用・保守）における指針についても定めています。

　具体的には，経営者の基本方針に対するコミットから始まり，サイバー攻撃や内部不正に対する配慮，物理的なリスクの認識，つながる相手に迷惑をかけない設計構築，認証や暗号化，関係者の役割認識など，幅広い内容について示されています。

NOTICE

問　題：2019年2月より，サイバー攻撃に悪用される恐れのあるIoTデバイスの調査および注意喚起を行う施策「NOTICE*」が実施されている。この施策について，最も**適切でないもの**を1つ選びなさい。

選択肢：
1. 総務省，国立研究開発法人情報通信研究機構（NICT*）およびインターネットサービスプロバイダ*が連携して実施するプロジェクトである。

2. 調査の対象機器は，グローバルIPアドレス*（IPv4）によりインターネット上で外部からアクセスできるIoT機器である。

3. インターネットサービスプロバイダはNICTから受け取った情報をもとに，対象機器の利活用者を特定する。

4. 契約しているインターネットサービスプロバイダから注意喚起を受けた場合は，報告内容を他人に知られると攻撃される確率が高まるため，何もしない。

解答解説

1. 適切です。
2. 適切です。
3. 適切です。
4. 適切ではありません。
   注意喚起を受けた利活用者は，将来の攻撃に備えるため，複雑なパスワードの設定やファームウェア*の更新などの対策を行うことが必要です。

（解説）
　「NOTICE」の調査対象機器は，日本国内のIPv4アドレスによりインターネット上で外部からアクセスできるIoT機器です。そこに対して，NICTがID・パスワードを入力することができる機器であるかを確認します。もし，これらの機器が，容易に推測されるID・パスワードを入力することでログインできた場合は，サイバー攻撃に悪用される恐れのある機器として特定することとなります。

　NICTから注意喚起の対象となるIoT機器のIPアドレス情報やタイムスタンプ情報を受け取ったインターネットサービスプロバイダ（ISP）は，それらの情報から対象機器の利活用者を特定し，その利活用者に電子メールや郵送などにより注意喚起を行います。

　注意喚起を受けた利活用者は，その内容に沿って，利活用中のIoT機器に対して，第三者に推測されない複雑なパスワードへの設定変更やファームウェアのアップデートを行うことになります。

ソフトウェアのセキュリティ対策

問　題：Windows OSやOfficeアプリケーションなどのソフトウェアには，時間の経過とともに脆弱性*が発見されることがある。これを放置しているとウイルスに感染したり，システムが破壊されたりすることがある。このようなソフトウェアの脆弱性に対するセキュリティ対策について，最も適切なものを1つ選びなさい。

選択肢：

1. パソコンにアプリケーションソフトをインストールしているが，使用頻度が極端に少ないので，インストールした時の状態で使っている。

2. ウイルス対策ソフトの提供事業者から案内のある更新通知の内容はわかりにくいが，それを知ったときに確認して，速やかに更新している。

3. 普段から取引のある相手先から重要な業務情報が入ったUSBメモリを渡されたので，急いで自分のパソコンに差し込んで読み取った。

4. 電子メールで登録情報の確認を求められたため，メール本文に記載されているWebサイトに速やかに接続してクレジット番号を送信した。

解答解説

1. 適切ではありません。使用頻度が少なくても，古いバージョンのまま利活用するとサイバー攻撃の標的になる可能性が高まるため，常に最新バージョンで利活用することが推奨されます。
2. 適切です。
3. 適切ではありません。USBメモリがウイルス感染していることが考えれられますので，ウイルス対策ソフトなどでウイルスチェックを行ってから読み取ることが推奨されます。
4. 適切ではありません。メール本文にあるWebサイト先が安全とは言い切れませんので，メールの送信者が正当な相手か，Webサイトのアドレスに不審な情報がないかなどを事前に確認することが推奨されます。

（解説）

　アプリケーションソフトの開発元から公表される脆弱性情報に注意し，更新通知を受け取った場合は速やかに毎回更新することが重要です。

　最近，偽の電子メールから偽のホームページに接続させたりしてクレジットカード番号などの重要な個人情報を盗み出すフィッシング詐欺*が増えてきていますので，接続するWebページ*がSSL（通信の暗号化技術）を採用しているかも併せて，毎回確認するようにしましょう。

無線LANのセキュリティ

問　題：無線LAN（Wi-Fi）は，多くの機会において便利に使える手段の1つであるが，適切なセキュリティ対策を取らずにいると，気づかない間に通信内容が盗み見られたり不正アクセスを受けたりする。Wi-Fiを安全に利活用するために欠かせないポイントとして，最も**適切でないもの**を1つ選びなさい。

選択肢：
1. 接続するアクセスポイントをよく確認する。

2. 正しいURLでHTTPS通信をしているか確認する。

3. 自宅に設置している機器の設定を確認する。

4. ブラウザのキャッシュに注意する。

解答解説

1. 適切です。
2. 適切です。
3. 適切です。
4. 適切ではありません。これはインターネットに接続するためのブラウザ（パソコンアプリ）におけるポイントです。

（解説）
　外出先で誰でも使えるWi-Fiを利活用するときには，接続先をよく確認しましょう。誰が提供しているどのようなサービスなのか，接続先の名前（SSID）やセキュリティ対策はどうなっているのかを確認してから使いましょう。
　Wi-Fiに限りませんが，インターネットでの通信内容は，いつどこで盗み見られているかわかりません。URLが「https://」から始まるHTTPS通信を使えば，手元の端末から通信先のWebサイトまでが暗号化されるため，通信内容は保護されます。
　自宅に設置しているWi-Fiルータ等の機器について，購入時に設定されている機種共通のパスワードをそのまま使い続けると，第三者に勝手に使われたり，機器を乗っ取られたりする可能性があり，危険です。Wi-Fiの暗号化*のためのパスワードだけでなく，機器を設定するための管理用パスワードについても，第三者に推測されにくいものが設定されているか確認しましょう。また，機器のファームウェアも最新の状態にしておきましょう。

電子メールのセキュリティ

問　題：現在，企業や組織において，電子メールは頻繁に利活用されるツールの1つだが，一方で誤操作などにより情報漏えいも頻繁に発生している。電子メールの誤送信対策について，最も**適切でないもの**を1つ選びなさい。

選択肢：

1. メールアドレスの宛先（TO：，CC：，BCC：）は使わない。

2. 個人情報やプライバシー情報が含まれた電子メールを安易に送信しない。

3. 添付ファイルなどを送る場合，ファイルを暗号化したり，添付ファイルにパスワードを設定する。

4. 送信する際に宛先などを確認する画面を開くように，予め電子メールソフトに設定する。

解答解説

1. 適切ではありません。TO：，CC：，BCC：の違いを理解して正しく利活用します。
2. 適切です。
3. 適切です。
4. 適切です。

（解説）

　電子メールを送る際に利活用するTO：，CC：，BCC：の違いについて，TO：やCC：は電子メールを受け取った人には，自分以外の誰宛てに送信されたメールかがわかります。このため，一度に複数の人宛てに送る場合で，他の人のメールアドレスがわかると困る場合はBCC：を使います。この利活用方法を間違えると，関係のない第三者にメールアドレスが知られてしまい，個人情報の漏えい事案となってしまう可能性があります。

　その他，一方的に送られてくる迷惑メール攻撃*もありますが，受信する側の対策として，インターネットサービスプロバイダ（ISP）が提供する受け取り拒否機能を利活用する，推測されにくく複雑なメールアドレスを設定するなどがあります。

　一方，企業や組織から利活用者に，広告や宣伝を行うための電子メールを送ることもありますが，企業や組織が自由勝手に送らないように「特定電子メールの送信等に関するガイドライン」*が総務省から公開されています。企業や組織はこのガイドラインに従って活動することが求められています。

記憶装置の廃棄

問　題：パソコンやIoT機器を廃棄する場合に，設備に付属したハードディスクや外部記憶装置（USBなど）から情報が漏えいしてしまう可能性がある。不要になったパソコンのハードディスクや外部記憶装置を安全に廃棄する方法として，最も**適切でないもの**を1つ選びなさい。

選択肢：
1. ハードディスクに保存されているデータを消去後，ハードディスクを初期化する。

2. 市販されているデータ消去用のソフトウェアを使用して，ハードディスクのファイルを復元できないように完全消去する。

3. 信頼できる専門業者のデータ消去サービスを利活用する。

4. パソコンのハードディスクを取り出し，外側のケースと内側のディスクを一緒に物理的に破壊する。

解答解説

1. 適切ではありません。ハードウェアを初期化することでデータが消去されたように見えますが，実際にはデータが残った状態にあります。
2. 適切です。
3. 適切です。
4. 適切です。

（解説）
　企業や組織の重要情報が漏えいするのはネットワーク経由とは限りません。実際に中古のパソコンに以前の所有者が利活用していたデータが残っていたということが発生しています。また，企業で利活用していた形跡のある中古パソコンを意図的に購入し，そこに保存されているデータを探し出すという方法で機密情報を入手するという手口も存在しています。
　特に注意が必要なのは，"ゴミ箱を空にする"機能などを使って保存されているデータを削除したり，ハードディスクの初期化（これを"フォーマット"といいます）を実行したりするだけで，パソコンを廃棄処分してしまうケースです。これらの操作では，画面上ではデータが消えているように見えますが，実際にはハードディスクに残ったままになっていることがあります。この場合，特殊なソフトウェアを利活用することで，削除したはずのファイルを復元することが可能となります。
　したがって，物理的にハードディスクを破壊，専門の事業者に依頼，データを消去する専用のソフトを使うなどして，機器を安全に廃棄しましょう。

SECURITY用語解説集①

バリュークリエーションプロセス（Value Creation Process）*
　従来のサプライチェーンで考えられていた企業同士のつながりに加え，サイバー空間とフィジカル空間のつながりや，サイバー空間におけるデータのつながりについても同時に考えていこうという概念。

サイバー・フィジカル・セキュリティ対策フレームワーク（CPSF）*
　Society5.0の社会におけるサイバー攻撃の脅威の増大に対して，産業界に必要なセキュリティ対策の全体像を整理して策定されたフレームワークのこと。このフレームワークでは，価値創造のための活動が営まれる産業社会を三層構造と6つの構成要素（組織，ヒト，モノ，データ，プロシージャ，システム）で捉え，包括的にセキュリティポイントを整理・対応するための指針を示している。

エンティティ（entity）*
　それが主張するとおりのものであるという特性のこと。実体，主体などともいい，情報セキュリティの文脈においては，情報を使用する組織および人，情報を扱う設備，ソフトウェアおよび物理的媒体などを意味する。

真正性（Authenticity）*
　組織や媒体が主張するとおりであること。これが損なわれると，他人になりすましされることがある。二要素認証やデジタル署名などで本人認証を行う対策が考えられる。

責任追跡性（Accountability）*
　個人や組織・媒体が行った一連の動作を追跡すること。これが損なわれると，セキュリティ事故が発生した場合に根本要因にたどり着かない可能性があり，的を射た再発防止策を講じることが困難になる。公開鍵証明書の利活用や操作履歴など各種ログ情報を安全に残すなどの対策が考えられる。

信頼性（Reliability）*
　意図する動作が行われることを確実にすること。これが損なわれると，意図しない処理が行われたり，脆弱性を突いた攻撃に遭ったりする。欠陥や不具合を起こさない設計や構築を行うことが対策として考えられる。

SECURITY 用語解説集②

用語解説

否認防止（Non-repudiation）＊

　個人や組織・媒体が行った事象について証明すること。これが損なわれると，証明することが不可能になる可能性がある。公開鍵証明を利活用することや操作履歴，アクセスログなどのログ情報を確実に残すなどの対策が考えられる。

アクセス制御＊

　対象へのアクセスを制御すること，また，制御する仕組み。正規に承認されている人以外は使えなくする機能をいう。具体的な機能に認証，認可および監査がある。

情報セキュリティインシデント＊

　外的要因，内的要因にかかわらず，情報セキュリティに関する事故や攻撃を総称してセキュリティインシデントと呼ぶ。コンピュータウイルスなどのマルウェア感染，不正アクセス，情報機器の紛失や盗難も含まれる。機器やシステムの破損や故障，意図しない停止などを含める場合もある。

ソーシャルエンジニアリング（Social Engineering）＊

　偽の電話をかけたり，建物に侵入してゴミの中から情報を盗み出したりする，物理環境で行われる不正な情報収集活動全般のこと。重要な情報を情報通信技術を使わずに入手する方法。

マルウェア（Malware）＊

　不正，かつ，有害な動作を行う意図で作成された悪意のあるソフトウェアや悪質なコードの総称。Malicious（悪意のある）とSoftware（ソフトウェア）を組み合わせた造語。

TCP/IP＊

　インターネットでの通信に用いられる標準的な通信プロトコルのこと。Webやメールなどのアプリケーション間のやり取りを定める「アプリケーション層」，プログラム間のデータのやり取りを定める「トランスポート層」，複数のネットワーク間のやり取りを定める「インターネット層」，イーサネットや無線LANなど同一ネットワーク内のハードウェア通信方法を定める「ネットワークインターフェース層」の4層に分類される。

SECURITY用語解説集③

標的型攻撃（Advanced Persistent Threat）＊

　対象となる組織の担当者や特定の業務を標的として巧妙に作り込まれたマルウェアを侵入・感染させる攻撃のこと。近年では，府省庁や大企業だけではなく，地方公共団体や中小企業もターゲットとなり，情報システムの脆弱性に限らず，ソーシャルエンジニアリングを利活用するなど，さまざまな経路が攻撃に利活用されている。昨今の標的型攻撃のすべてを未然に防ぐことは困難なため，本格的な攻撃実行の前にいかに検知できるかによって，被害の最小化や拡大防止が可能になる。

暗号化＊

　データの内容を他人にはわからなくするための方法。たとえば，コンピュータを利活用する際に入力するパスワードが，そのままの文字列でコンピュータ内に保存されているとしたら，そのコンピュータから簡単にパスワードを抜き取られてしまう危険性がある。そのため，通常，パスワードのデータは，暗号化された状態でコンピュータに保存するようになっている。

タイムスタンプ技術＊

　ある時刻にその電子データが存在していたことと，それ以降改ざんされていないことを証明する技術。タイムスタンプに記載されている情報とオリジナルの電子データから得られる情報を比較することで，タイムスタンプの付された時刻から改ざんされていないことを確実，かつ，簡単に確認することができる。

IPスプーフィング（IP Spoofing）＊

　IP通信において，送信者のIPアドレスを詐称して別のIPアドレスになりすまして活動する攻撃手法のこと。また，この手法を用いたサイバー攻撃を行うと，攻撃元の特定が困難になる。この攻撃に対しては，IPアドレスだけを通信の認証手段として使わないことや，IPアドレスを盗まれないよう暗号化した通信を行うなどの対策がある。

パスワードクラック（Password Crack）＊

　データを分析することでパスワードを不正に特定すること。攻撃者には，SNSやブログなどのパスワードを使ってログインするサービスは，すべてパスワードクラックの対象となる。この攻撃に対しては，二要素認証や二段階認証などのような複数種類の認証方式を利活用する対策が有効となる。

SECURITY 用語解説集④

ハードディスク暗号化＊

　テレワークなどで，顧客や従業員の個人情報，業務上の機密情報などが保存されたパソコンを外部に持ち出して使用する際，パソコンの置き忘れや紛失・盗難に遭うことも考えられる。その際，パソコンからハードディスク自体を抜き取られてしまえば，ログインパスワードを設定していても情報漏えいが発生する可能性がある。そのような被害を防止するためにも，ハードディスクの暗号化が重要な対策となる。

CISO（Chief Information Security Officer）＊

　情報セキュリティ最高責任者のこと。企業や組織における情報セキュリティを統括する責任を担う。サイバーセキュリティ経営ガイドラインにおいて，経営者が認識する必要のある「3原則」および経営者がCISO等に指示すべき「重要10項目」がある。IoTセキュリティガイドラインで考慮しているライフサイクルのうちの「方針」では「IoTの性質を考慮した基本方針を定める」という指針を定めている。そこでは，内部不正やミスに備えるためにIoT特有の性質とそのリスクを整理している。

NOTICE（National Operation Towards IoT Clean Enviroment）＊

　近年，IoT機器を悪用したサイバー攻撃が増加していることから，利活用者自身が適切なセキュリティ対策を講じることが必要になっている。そこで，総務省および国立研究開発法人情報通信研究機構（NICT）が，利活用者への注意喚起を行うために，2019年2月から実施している取り組みのことをいう。

脆弱性＊

　ひとつ以上の脅威によって付け込まれる可能性のある資産やルールの弱点・欠陥のことをいう。脆弱性の存在により，悪意のある第三者によるコンピュータウイルス感染や，不正アクセスの被害に遭う可能性が高まる。

フィッシング詐欺＊

　インターネットのユーザーから，ユーザー名やパスワード，クレジットカード番号などの経済的価値がある情報を奪うために行われる詐欺行為。信頼されている者になりすました電子メールによって，偽のインターネットサイトに誘導されることで行われる手法が典型的な例。

SECURITY用語解説集⑤

Wi-Fiの暗号化*

無線LAN（Wi-Fi）導入においては，適切に設定しないと想定外の危険性が生じてしまう。無線LANの区間で第三者に盗聴されないように，暗号化をする。その際，暗号化の強度が弱いWEPではなく，WPA2やWPA3の規格を利活用する。また，接続するアクセスポイントの名称を確認する。このとき，知らないアクセスポイントには接続しないなどの対策が必要となる。

迷惑メール*

迷惑メールには，大きく分けて「無差別型」と「標的型」の2つが存在する。近頃では，無差別型は減少傾向にあり，「標的型」が増加傾向にある。このような迷惑メールを受信しないようにするために，インターネットサービスプロバイダが提供しているフィルタリングサービスを利活用することやメールソフトの受信拒否を設定することが効果的である。

特定電子メールの送信等に関するガイドライン*

特定電子メールの送信等に関するガイドラインは，特定電子メール法および同法施行規則の公開に伴い策定されたものである。受信者が特定電子メールは不要と意思表示を行い受信を拒否（「オプトアウト」という）した場合は，送信者は原則メールを送ることはできない。また，受信者がいつでもオプトアウトができるように，わかりやすくしておく必要がある。逆に，受信者から特定電子メールの送信について事前に同意を得られていれば送信することができる（「オプトイン」という）。オプトインを取得した場合，同意したことを証明する記録を保管する必要がある。

ゼロトラストモデル*

組織や企業において，利活用者も端末もネットワークもアプリケーションも信頼しないで，常に攻撃されることを前提としたセキュリティの考え方のこと。

サイバー攻撃防御モデル*

巧妙化・複雑化し続けるサイバー攻撃（特に標的型攻撃）への対策として，官公庁などの組織や企業が備えることを推奨した機能群のことで，人・組織対策と技術的対策から構成されている。

SECURITY 用語解説集⑥

用語解説

CMMC（Cybersecurity Maturity Model Certification）モデル*

　米国国防総省がサイバーセキュリティ対策で満たすべき水準について定めた統一規格で，サイバーセキュリティ成熟度モデルの認証のこと。これまでのさまざまなサイバーセキュリティ関連のフレームワークを1つの統一標準に統合する新たなフレームワーク。5つのレベルを設定し，サイバーセキュリティの成熟度測定に用いる。

多層防御*

　セキュリティ攻撃を受けた際，企業や組織のネットワークやシステムのセキュリティが容易に侵害されないよう，防御策を複数設置すること。

自治体3層対策*

　自治体ネットワークの構成における情報セキュリティ対策のこと。自治体ネットワークは，個人番号利活用事務系とLGWAN接続系，インターネット接続系からの3つの階層で構成されていることから「三層」といい，たとえば，個人番号利活用事務系では，二要素認証を導入するなど端末からの個人情報の持ち出しを厳しく管理している。

OSI参照モデルネットワーク層*

　コンピュータなどの通信機器の機能を定義する国際標準化機構によって決められた標準モデルをOSI参照モデルといい，7つの階層に分かれている。そのうち，第3層をネットワーク層といい，通信相手が異なるネットワーク間にあっても，データのやり取りを可能とすることを役割とする。

クロスサイトスクリプティング*

　Webサイト閲覧者が，Webページを制作することのできる動的サイト（SNSや掲示板サイトなど）に対して，攻撃者が制作した不正なスクリプトを挿入することにより起こすサイバー攻撃のこと。

SQLインジェクション*

　アプリケーションの脆弱性により本来の意図ではない不当な命令文「SQL」文が作成されてしまい，「注入」されることによって，データベースのデータを不正に操作される攻撃のこと。

SECURITY用語解説集⑦

リスク特性＊

　発生した場合に，プロジェクトの目的にプラスまたはマイナスの影響を与えるような潜在的リスク事業及びその特性を洗い出すこと。（ISO 21500：2012より）

J-CSIP＊

　サイバー情報共有イニシアティブ（Initiative for Cyber Security Information sharing Partnership of Japan）の意。サイバー攻撃の情報共有と早期対応を目的とした，重工，重電等，重要インフラで利活用される機器の製造業者を中心とする情報連携体制のこと。

ISMAP＊

　政府情報システムのためのセキュリティ評価制度（Information system Security Management and Assessment Program）。政府が求めるセキュリティ要求を満たしているクラウドサービスを予め評価・登録することにより，政府のクラウドサービス調達におけるセキュリティ水準の確保を図り，もってクラウドサービスの円滑な導入に資することを目的とする。

CRYPTREC＊

　CRYPTREC（Cryptography Research and Evaluation Committees）は，電子政府推奨暗号の安全性を評価・監視し，暗号技術の適切な実装法・運用法を調査・検討する国家プロジェクトのこと。

コラム3 AI活用による「なんとなく」経営からの脱却

　老舗料理店E社では，メニュー開発や営業戦略づくりにAIをフル活用し，6年間で売上高を4.8倍に伸ばしたという驚異の実績を上げました。この背景には，「勘と経験」に頼らない，徹底したデータにもとづく店舗戦略がありました。AIに関しては，来客予測AIが，気温や降水量などの気象データ，自社サイトへのアクセス数，過去の売上実績などから，翌日の来客数と注文数を予測する，機械学習を応用しました。

　AIの活用により，予測実績は約90％という高い精度で翌日の来客数・注文数が把握できています。これにより，翌日に向けた食材・メニューの準備を効率よく行うことが可能になり，料理提供時間の短縮だけでなく，無駄な仕入れも回避でき，廃棄コストも大幅に低減できるようになりました。

　また，1時間単位で来客数を予測できるため，人員の配置も事前に最適化することができます。

　さらに，AIを活用することで，長期的な来客予測も立てられ，従業員たちのシフトプランや社員の休暇プランの策定にも役立ちます。実際，E社では，2週間連続で社員を休ませるスケジュールを組み，それを実行に移しました。

　こうした施策によって従業員満足度を高めることは，人手不足が深刻化し，貴重な人材を是が非でも会社につなぎ止めておきたい飲食事業者にとって，とても大切なことです。

　この驚異的な高精度の実現は，実店舗で入手できるさまざまなデータや店舗内のカメラをIoTとして，多様なデータをBIG DATA化し，AIで分析しながら作り上げた，E社のノウハウの塊となります。

　中小企業は，外部の環境変化に対して敏感に対応しなければ，生き残ることもさらに成長することもできません。

　E社の「従業員とお客様の幸せを追求したい」「飲食業界の課題を解決したい」という想いを実現し，AI活用による「なんとなく」経営からの脱却を実現できたDX実現の好事例となります。

第4章 AIPA認定資格のご紹介

第1節　一般社団法人AI・IoT普及推進協会のご紹介

一般社団法人AI・IoT普及推進協会 概要

概要

　わが国と欧米諸国の「AI・IoTに関する利活用の課題」に関するアンケート（企業向け国際アンケート調査結果：総務省）によれば，「組織としてのビジョンや戦略の立案」「組織風土」といった組織改革に関して「自社のニーズに対応したソリューションや製品・サービス」「ビジネスモデルの構築」のためにAI・IoTを代表とする最先端のデジタルツールの利活用がもたらす効果や，その効果を最大化するための方策を決定して実行することが重要となってきています。

　同時に，わが国では欧米諸国企業と比べて「AIの導入を先導する組織・人材の不足」「IoTの導入を先導する組織・人材の不足」といった課題があります。

●一般社団法人AI・IoT普及推進協会　概要

組織名	：一般社団法人AI・IoT普及推進協会
英語表記	：AI・IoT Promotions Association
略称	：AIPA（呼称　アイパ）
会長	：播磨　崇
代表理事	：阿部　満（事務局長）
理事	：山川　元博（事業部長）
創業	：2019年2月
住所	：東京都千代田区二番町9 - 3 THEBASE麹町
事業内容	：AI・IoTに関する普及推進事業全般

ポイント

　当協会は，わが国のDXやSociety 5.0，Connected Industriesの概念を踏まえ，AI・IoTを代表とする最先端のデジタルツールを販売するITベンダーの皆様と中小企業の皆様の架け橋役となりAI×IoTによるDXを実現する一般社団法人として活動しております。

　なお，上掲の概要は，本書発行時点のご紹介となります。今後，予告なく変更の場合がございます。

当協会事業活動

概要

　当協会の事業活動内容は資格認定のみならず，全国の認定資格者を中心に政府・全国の公的機関・金融機関などと連携し，ITベンダーが提供するAI・IoTを代表とする最先端のデジタルツールによるAI×IoTによるDXの実現を展開しております。

　実績として既に，経済産業省関係，中小企業庁関係，中小企業支援団体関係，金融機関関係，ITベンダー関係，民間企業関係など多岐にわたっています。

● 当協会事業活動

AI・IoTツールマッチング事業

ITベンダーは無料でAIPAポータルサイトに自社のツールを掲載することができます。また中小企業から相談があった際は、認定マスターまたはシニアコンサルタントやゴールドとシルバー正会員がコンサルティングやツールをマッチングします。

認定コンサルタント育成事業

AIPA認定コンサルタントとはAIPA認定研修に参加し受講後、認定テストに合格した者を認定します。認定者はAIPA認定コンサルタントとして認定されると同時に、マスターとシニアは中小企業からの各ツール導入の相談案件に対応することができます。

政府・公的機関・金融機関連携事業

AIPAが連携機関となり、政府・公的機関・金融機関のAI・IoTに関する相談内容に関して連携して対応を行います。その際は認定マスターとシニアコンサルタントとゴールド、シルバー正会員と連携してスキームを組みプロジェクトとして対応することができます。

正会員運営

正会員とは1口＝ブロンズ、5口＝シルバー、10口＝ゴールドで1年間更新となります。正会員の特典は、認定コンサルタントがコンサルティングの際や研修や講演の際にツールを紹介することやポータルサイトへトップバナーでPRできるなどの特典があります。

☞ポイント

　わが国におけるAI・IoTの導入の課題である「AIの導入を先導する組織・人材の不足」および「IoTの導入を先導する組織・人材の不足」に対して，当協会認定AI・IoTコンサルタント（AIC）が「組織としてのビジョンや戦略の立案」「組織風土」といった組織改革に関して「自社のニーズに対応したソリューションや製品・サービス」「ビジネスモデルの構築」を政府・公的機関・金融機関とも連携して行っております。

　ITベンダーの皆様においては当協会の正会員になっていただき，当協会と共同でわが国のAI・IoTの普及推進に取り組んでいただいております。

当協会全国体制図

概要

　当協会の組織体制は全国網となります。全国の支部長，地区長，副地区長を中心に意見交換や相談情報，政府・公的機関・金融機関に関する支援対応方法，AI・IoTを代表とする最先端のデジタルツールなどの技術ノウハウなど，全国体制として点と点を結び，面での対応を行っております。

●当協会全国体制図

●ポイント

　当協会の支部体制は，北海道，東北，関東，北陸，中部，関西，中国，四国，九州支部に加え，China（中国）の10支部となります。この拠点支部では，支部長や地区長，副地区長などが連携し，各地区の中核組織として認定AI・IoTコンサルタント（AIC）の研修試験の開催やAI・IoTに関するコンサルティング活動などを通じて，わが国のAI×IoTによるDXの実現を担う活動を行っております。

中小企業からのご相談対応スキーム

わが国の中小企業者数（小規模事業者含む）は現在，約350万社にも上ります。

当協会はわが国のDXやSociety 5.0，Connected Industriesの概念を踏まえ，ITベンダーの皆様と中小企業の皆様の架け橋役となり，支援者側では認定AI・IoTコンサルタント（AIC）を育成すると同時に，企業側では認定AI・IoTアドミニストレータ（AIA）と認定AI・IoTスペシャリスト（AIS）を育成しております。

●中小企業からのご相談対応スキーム

ポイント

中小企業の皆様からのAI・IoTに関するデジタル化ツール導入やDX実現のための専門家対応のご相談に対しては，当協会として，まずご相談内容を精査した後に全国網の認定AI・IoTコンサルタント（AIC）がご相談状況を検討し，ITベンダーの皆様との調整により最適なAI・IoTを代表とする最先端のデジタルツール選定や導入支援を行っております。

また，国や都道府県単位の助成金・補助金，金融機関連携による支援制度を有効に活用し，小規模事業者の場合は持続化補助金，中小企業の場合は，補助金や助成金などのアドバイスの対応も含めて対応しております。

政府・公的機関・金融機関連携事業

　当協会では政府・公的機関・金融機関と連携し，AI・IoTを代表とする最先端のデジタル化に関する市場調査，研修，コンサルティング，テキスト・コラム執筆，その他個別相談に関してご対応を行っております。

●政府・公的機関・金融機関連携事業

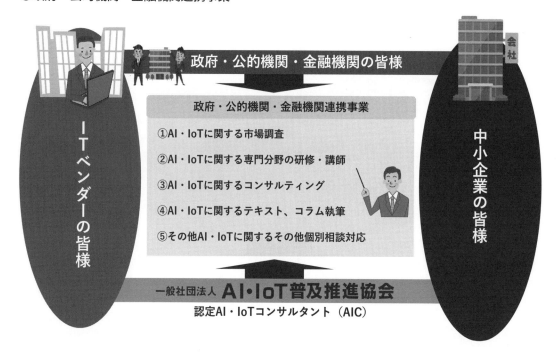

政府・公的機関・金融機関の皆様

ITベンダーの皆様

政府・公的機関・金融機関連携事業

①AI・IoTに関する市場調査

②AI・IoTに関する専門分野の研修・講師

③AI・IoTに関するコンサルティング

④AI・IoTに関するテキスト、コラム執筆

⑤その他AI・IoTに関するその他個別相談対応

中小企業の皆様

一般社団法人 AI・IoT普及推進協会
認定AI・IoTコンサルタント（AIC）

ポイント

　わが国中小企業の皆様の各種相談窓口として，政府・公的機関・金融機関への相談は多岐にわたります。さらにAI・IoTを代表とする最先端のデジタル化に関する潜在的なご相談などを含めると，膨大なご相談件数となります。

　しかし，中小企業の皆様側においては，そのような相談を誰に相談してよいのか？ どのような支援専門家がいるのか？ 誰が，どのような支援を行い，どのような効果があるのか？ などは不明であり，気軽に専門家に声を掛けられていないという実態があります。

　当協会では，そのような潜在的な中小企業の皆様のご相談の声に常に耳を傾けながら直接，ご相談をお受けしております。また政府・公的機関・金融機関と連携し全国の支部を通してご対応を行っております。

当協会認定資格体系図

概要

　当協会認定の各種資格体系図（下図）に関し，左側の三角形は支援者側認定資格の認定AI・IoTコンサルタント（AIC）となります。各レベルは下位から認定AI・IoTジュニアコンサルタント（AIJC），認定AI・IoTシニアコンサルタント（AISC），認定AI・IoTマスターコンサルタント（AIMC）となります。各レベルの資格取得後は上位資格を目指すことができます。

　また，右側の三角形は企業側認定資格であり，認定AI・IoTアドミニストレータ（AIA），認定AI・IoTスペシャリスト（AIS）となります。AIAの資格取得後は上位資格（AIS）を目指すことができます。

●当協会認定資格体系図

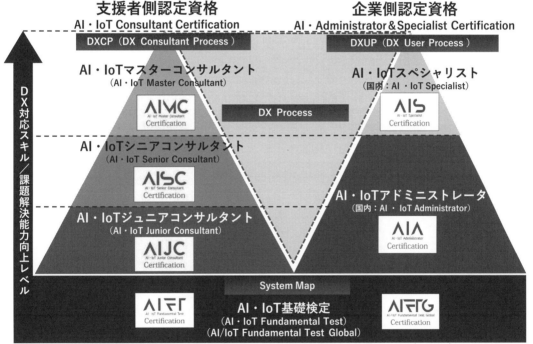

DX Process：支援者側、企業側共通メソッドでありDXを実現する共通Process（method）
支援者側：DX Consultant Process（DXCP）、企業側：DX User Process（DXUP）

ポイント

　支援者側認定資格と企業側認定資格の両三角形のベースになる資格が，認定AI・IoT基礎検定（AIFT）となります。これは上位の認定AI・IoTジュニアコンサルタント（AIJC）および認定AI・IoTアドミニストレータ（AIA）の取得前または取得後に基礎的な知識レベルを補完する検定試験となります。

　そして支援者側認定資格と企業側認定資格の中心に位置づけられるのがDX Processです。上位資格になるにつれDX対応スキル/課題解決能力レベルが向上しますが，その際に，DX Processを利用する割合が増加することを示しています。

当協会認定資格ポジショニング

概要

　当協会の認定資格は，AI×IoTの相互の面で中小企業が抱えるさまざまな経営課題をAI・IoTを代表とする最先端のデジタルツールを利活用して解決するマネジメント（コンサルタント）志向のDX人材となります。

　また，資格取得後は実務にも対応できるAI×IoTのマネジメント（コンサルタント）志向とテクニカル（エンジニア）志向の両面におけるDX人材として，継続研修等を行いスキルの向上・維持を目指しております。

●当協会認定資格ポジショニング

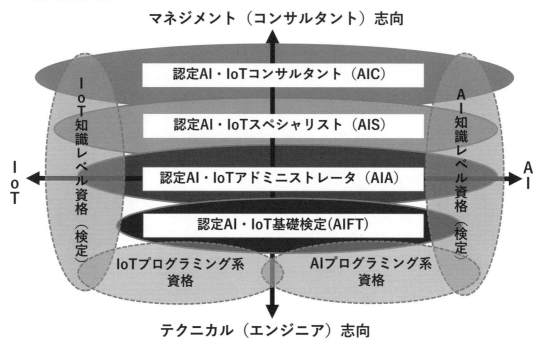

ポイント

　当協会認定資格ポジショニングにあるように，AIとIoTをバラバラに考えるのではなく相互に掛け算で企業の経営課題を解決するという視点が最大の特徴です。

　すなわち，AIとIoTはバラバラではなく，AI×IoTというように掛け算としてシナジー効果を発揮していく必要があり，マネジメント（コンサルタント）志向からテクニカル（エンジニア）志向の全方位を学ぶことで実践可能な資格となっています。

　認定AI・IoTコンサルタント（AIC）は，AI×IoTに特化した日本初のコンサルタント資格です。そして認定AI・IoTアドミニストレータ（AIA）と認定AI・IoTスペシャリスト（AIS）は，AI×IoTに特化した日本初の企業内の専門家資格であり，そのベースとなる認定AI・IoT基礎検定（AIFT）は，AI×IoTに特化した日本初の検定資格となります。

第2節　認定AI・IoTコンサルタント（AIC）のご紹介

認定AI・IoTコンサルタント（AIC）：活用領域

概要

　DXの実現においては，DXやSociety 5.0，Connected Industriesの概念のとおり，第三次産業革命時代のITのみならず，第四次産業革命時代のAI・IoTを代表とする最先端のデジタルツールも活用する必要があります。これらのデジタルツールにはそれぞれの役割があります。たとえば，IoT（I領域）は収集すること，BIG DATA（B領域）は貯めること，AI（A領域）は分析すること，SECURITY（S領域）は守ること，最後のVALUE UP（V領域）では，企業のKGI（Key Goal Indicator：重要目標達成指標），KPI（Key Performance Indicators：重要業績評価指標）の実行により業務改革・経営改革におけるDX実現を行います。

●認定AI・IoTコンサルタント（AIC）：活用領域

ポイント

　このように当協会は，わが国の第四次産業革命の時代においてDXやSociety5.0，Connected Industriesを展開するために，AIやIoTを代表とする最先端のデジタルツールの導入を先導する組織・人材の不足を解消し，中小企業の経営課題に対してITベンダーの皆様と中小企業の皆様の架け橋役となり，AI×IoTによりDXを実現することを，認定AI・IoTコンサルタント（AIC）の活動目的としております。

認定AI・IoTコンサルタント（AIC）：レベル・条件・KGI

概要

認定AI・IoTマスターコンサルタント（AIMC），認定AI・IoTシニアコンサルタント（AISC），認定AI・IoTジュニアコンサルタント（AIJC）の各資格取得条件および取得後の姿は以下のとおりです。

最上位のAIMC取得までの期間および費用は，合計5.5日間の研修で総額140,000円（税込み）となります。

●認定AI・IoTコンサルタント（AIC）：レベル・条件・KGI

レベル（認定名称）	資格取得条件	資格取得後の姿（KGI）
AI・IoTマスターコンサルタント **AIMC** AI・IoT Master Consultant Certification	・資格取得研修（3日） ・AISC取得者のみ ・費用75,000円（税込み）	・AIやIoTについて指導が可能。 ・講演などを行うことが可能。 ・AIやIoTのコンサルが可能。 ・AIやIoTに関する選定が可能。 ・AIやIoTツールやソフトの販売が可能。
AI・IoTシニアコンサルタント **AISC** AI・IoT Senior Consultant Certification	・資格取得研修（2日） ・AIJC取得者のみ ・費用50,000円（税込み）	・AIやIoTのコンサルが可能。 ・AIやIoTに関する選定が可能。 ・AIやIoTツールやソフトの販が可能。
AI・IoTジュニアコンサルタント **AIJC** AI・IoT Junior Consultant Certification	・資格取得研修（0.5日） ・費用15,000円（税込み）	・AIやIoT基礎知識が身につく。

ポイント

最上位の認定AI・IoTマスターコンサルタント（AIMC）は，合計5.5日という短期間の中で取得可能です。AIJC（基礎），AISC（応用），AIMC（実践）を各階層ごとに学び，徐々にレベルアップすることで，無理なく最上位のAIMCまでの知識とスキルが身につけることができます。

AI・IoTの基礎的な知識がある方には，AIJCの内容は易しすぎる側面があると思われますが，AISCでは，本格的なDXCP（DX Consultant Process）に沿って，本書で記載した事例のようにケーススタディの分析を行いながら研修を行うことで知識とスキルが身につきます。最終段階のAIMCでは，実際の企業に対して分析を行いながら研修を研修を行うことで実践的な知識とスキルが身につきます。

これだけの内容を合計5.5日間，総額140,000円（税込み）で学ぶことになります。そこで共に学び合った仲間は一生の同志となります。

認定AI・IoTコンサルタント（AIC）：資格取得メリット

　認定AI・IoTマスターコンサルタント（AIMC），認定AI・IoTシニアコンサルタント（AISC），認定AI・IoTジュニアコンサルタント（AIJC）の各レベルごとの資格取得メリットは以下のとおりとなります。

●認定AI・IoTコンサルタント（AIC）：資格取得メリット

レベル（認定名称）	資格取得メリット
AI・IoTマスターコンサルタント AIMC AI・IoT Master Consultant Certification	・DXCP（DX Consultant Process）の実践的な習得によりDX人財としてのコンサルティングスキルが身につきます。 ・1年間の資格更新が免除となります。（永年資格者保証） ・当協会への問い合わせ案件を優先的にご紹介いたします。 ・AI・IoT総合ポータルサイトへの専門家掲載されます。（ご希望者） ・AI・IoT総合ポータルサイトでAI・IoTツール検索データベースを利用することができます。 ・ホームページにお名前、会社名等掲載いたします。（ご希望者） ・認定ロゴ、認定書、認定カードをお送りいたします。
AI・IoTシニアコンサルタント AISC AI・IoT Senior Consultant Certification	・DXCP（DX Consultant Process）の基本的な習得によりDX人財としてのコンサルティングスキルが身につきます。 ・当協会の問い合わせ案件をご紹介いたします。 ・AI・IoT総合ポータルサイトでAI・IoTツール検索データベースを利用することができます。 ・上位のAIMCの受講が可能となります。 ・ホームページにお名前、会社名等掲載いたします。（ご希望者） ・認定ロゴ、認定書、認定カードをお送りいたします。
AI・IoTジュニアコンサルタント AIJC AI・IoT Junior Consultant Certification	・AIやIoTの基礎知識が身につきます。 ・上位のAISCの受講が可能となります。 ・ホームページにお名前、会社名等掲載いたします。 ・認定ロゴ、認定書、認定カードをお送りいたします。

　認定AI・IoTマスターコンサルタント（AIMC），認定AI・IoTシニアコンサルタント（AISC），認定AI・IoTジュニアコンサルタント（AIJC）の各資格取得者全員に資格ロゴ，認定書，認定カードを進呈いたします。

　また，AISCはDXCP（DX Consultant Process）の基本スキルが身につき，最上位のAIMCは実践的なコンサルティングスキルが身につきます。このスキルは，実際のコンサルティングの場面で大いに役立つ実践型のスキルとなります。事実，資格取得者は本書のDXプロセスガイドラインを学んでこの試験に合格し，そのスキルを実務で活用しており，この資格は社会的な評価の証しといえます。

認定AI・IoTコンサルタント（AIC）：資格認定ロゴ

概要

　認定AI・IoTマスターコンサルタント（AIMC），認定AI・IoTシニアコンサルタント（AISC），認定AI・IoTジュニアコンサルタント（AIJC）の資格取得後，以下の資格認定ロゴを進呈いたします。認定ロゴは1週間以内にPDF形式でメールにて送付いたします。

●認定AI・IoTコンサルタント（AIC）：資格認定ロゴ

認定AI・IoTマスターコンサルタント
（AIMC）資格認定ロゴ

認定AI・IoTシニアコンサルタント
（AISC）資格認定ロゴ

認定AI・IoTジュニアコンサルタント
（AIJC）資格認定ロゴ

ポイント

　認定AI・IoTコンサルタント（AIC）資格取得後，認定AI・IoTマスターコンサルタント（AIMC），認定AI・IoTシニアコンサルタント（AISC），認定AI・IoTジュニアコンサルタント（AIJC）毎に認定ロゴを発行いたします。認定ロゴは，自分のポジションをお客様にアピールできるツールであると同時に，上位資格取得へのモチベーションアップにつながっています。

　1年間で最上位のAIMC資格を取得される方もいれば，また2年間でAIMCまで取得するなど，皆様の計画に合わせて研修および試験を受講・受験いただくことができます。

認定AI・IoTコンサルタント（AIC）：資格認定証

概要

　認定AI・IoTマスターコンサルタント（AIMC），認定AI・IoTシニアコンサルタント（AISC），認定AI・IoTジュニアコンサルタント（AIJC）の資格取得後，以下の認定証を発行いたします。認定証は1週間以内にPDF形式でメールにて送付いたします。

●認定AI・IoTコンサルタント（AIC）：資格認定証

認定AI・IoTマスター
コンサルタント（AIMC）
資格認定証

認定AI・IoTシニア
コンサルタント（AISC）
資格認定証

認定AI・IoTジュニア
コンサルタント（AIJC）
資格認定証

ポイント

　認定AI・IoTコンサルタント（AIC）資格取得後，認定AI・IoTマスターコンサルタント（AIMC），認定AI・IoTシニアコンサルタント（AISC），認定AI・IoTジュニアコンサルタント（AIJC）毎に認定証を発行いたします。

認定AI・IoTコンサルタント（AIC）：資格認定カード

　認定AI・IoTマスターコンサルタント（AIMC），認定AI・IoTシニアコンサルタント（AISC），認定AI・IoTジュニアコンサルタント（AIJC）の資格取得後に，以下の認定カードを進呈いたします。常に携帯し，コンサル活動の際にご活用ください。認定カードは1月〜3月，4月〜6月，7月〜9月，10月〜12月の3か月単位でまとめて資格者に郵送いたします。

●認定AI・IoTコンサルタント（AIC）：資格認定カード

認定AI・IoTマスターコンサルタント（AIMC）資格認定カード

認定AI・IoTシニアコンサルタント（AISC）資格認定カード

認定AI・IoTジュニアコンサルタント（AIJC）資格認定カード

ポイント

　認定AI・IoTコンサルタント（AIC）資格取得後，認定AI・IoTマスターコンサルタント（AIMC），認定AI・IoTシニアコンサルタント（AISC），認定AI・IoTジュニアコンサルタント（AIJC）毎に認定カードを発行いたします。自分のスキルを証明するカードとして携帯・提示できます。また上位資格へのモチベーションにもつながります。

第3節　認定AI・IoTスペシャリスト（AIS）および
認定AI・IoTアドミニストレータ（AIA）のご紹介

認定AI・IoTスペシャリスト（AIS）/
認定AI・IoTアドミニストレータ（AIA）：活用領域

概要

　DXの実現においては，DXやSociety 5.0，Connected Industriesの概念のとおり，第三次産業革命時代のITのみならず，第四次産業革命時代のAI・IoTを代表とする最先端のデジタルツールも活用する必要があります。これらのデジタルツールにはそれぞれの役割があります。たとえば，IoT（I領域）は収集すること，BIG DATA（B領域）は貯めること，AI（A領域）は分析すること，SECURITY（S領域）は守ること，最後のVALUE UP（V領域）では，企業のKGI（Key Goal Indicator：重要目標達成指標），KPI（Key Performance Indicators：重要業績評価指標）の実行により業務改革・経営改革におけるDX実現を行います。

●認定AI・IoTスペシャリスト（AIS）/認定AI・IoTアドミニストレータ（AIA）：活用領域

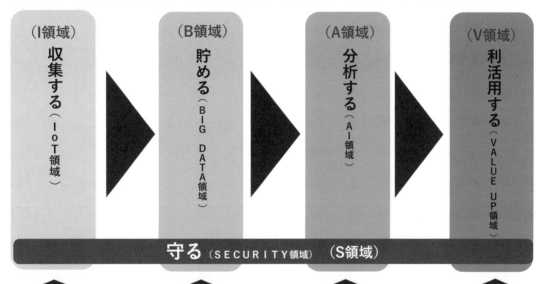

ポイント

　このように当協会は，わが国の第四次産業革命の時代においてDXやSociety5.0，Connected Industriesを展開するために，AIやIoTを代表とする最先端のデジタルツールの導入を先導する組織・人材の不足を解消し，中小企業の経営課題に対してITベンダーの皆様と中小企業の皆様の架け橋役となり，AI×IoTによりDXを実現することを，認定AI・IoTスペシャリスト（AIS）および認定AI・IoTアドミニストレータ（AIA）の活動目的としております。

認定AI・IoTスペシャリスト（AIS）/認定AI・IoT アドミニストレータ（AIA）：レベル・条件・KGI

概要

　認定AI・IoTスペシャリスト（AIS），認定AI・IoTアドミニストレータ（AIA）の資格取得条件および取得後の姿は以下のとおりです。

　資格取得の研修期間および費用は，AIS取得まで合計8日間，総額120,000円（税込み）となります。

●認定AI・IoTスペシャリスト（AIS），認定AI・IoTアドミニストレータ（AIA）：レベル・条件・KGI

レベル（認定名称）	資格取得条件	資格取得後の姿（KGI）
AI・IoTスペシャリスト AIS AI・IoT Specialist Certification	・資格取得研修（5日） ・費用75,000円（税込み）	・DXについて経営判断が可能。 ・AIやIoTの経営指導が可能。 ・AIやIoTに関する戦略対応が可能。 ・AIやIoTツールやソフトの最適な選定と導入が可能。
AI・IoTアドミニストレータ AIA AI・IoT Administrator Certification	・資格取得研修（3日） ・費用45,000円（税込み）	・DXの管理運用が可能。 ・AIやIoTに関する戦略対応が可能。 ・AIやIoTツールやソフトの最適な選定と導入が可能。

ポイント

　上位の認定AI・IoTスペシャリスト（AIS）までは，合計8.0日という短期間で取得が可能です。また，AIA（基礎・応用），AIS（実践）の各階層ごとに学び，徐々にレベルアップすることで，無理なく上位のAISまでの知識ならびにスキルを身につけることができます。

　AI・IoTの基礎的な知識がある方に関しては，AIAの講義内容は易しすぎる側面があるかと思いますが，AIAでは，DXUP（DX User Process）に沿って，本書で記載した事例のようにケーススタディの分析を行いながら研修を行うことで知識とスキルが身につきます。最終段階のAISでは，実際の自社に対して分析を行うことで実践的な知識とスキルが身につきます。

　これだけの内容を，AIS取得まで合計8.0日間，総額120,000円（税込み）で学ぶことになります。一緒に学び合った仲間は一生の同志となります。

認定AI・IoTスペシャリスト（AIS）/認定AI・IoT アドミニストレータ（AIA）：資格取得メリット

概要

　認定AI・IoTスペシャリスト（AIS），認定AI・IoTアドミニストレータ（AIA）における資格取得のメリットは以下のとおりとなります。

●認定AI・IoTスペシャリスト（AIS），認定AI・IoTアドミニストレータ（AIA）：資格取得メリット

レベル（認定名称）	資格取得メリット
AI・IoTスペシャリスト AIS AI・IoT Specialist Certification	・DXUP（DX User Process）の実践的な習得によりDX人財としての社内スペシャリストのスキルが身につきます。 ・ホームページにお名前、会社名等掲載いたします。（ご希望者） ・認定ロゴ、認定書、認定カードをお送りいたします。
AI・IoTアドミニストレータ AIA AI・IoT Administrator Certification	・DXUP（DX User Process）の基本的な習得によりDX人財としての社内アドミニストレータスキルが身につきます。 ・上位のAISの受講が可能となります。 ・ホームページにお名前、会社名等掲載いたします。（ご希望者） ・認定ロゴ、認定書、認定カードをお送りいたします。 ・AIやIoTの基礎知識が身につきます。

☞ポイント

　認定AI・IoTスペシャリスト（AIS），認定AI・IoTアドミニストレータ（AIA）の資格取得者全員に資格ロゴ，認定証，認定カードを進呈いたします。

　また，AIAはDXUP（DX User Process）によりDXの基本スキルと応用力が身につきます。上位のAISは社内における実践的なDX人材としてのスキルが身につきます。このスキルは実際の企業内でのDX対応の場面において大いに役立つ実践型のスキルとなります。

　事実，資格取得者は本書のDXプロセスガイドラインを学んでこの試験に合格し，そのスキルを企業内の実務で活用しており，この資格は社会的な評価の証しといえます。

認定AI・IoTスペシャリスト（AIS）/認定AI・IoT アドミニストレータ（AIA）：資格認定ロゴ

概要

　認定AI・IoTスペシャリスト（AIS），認定AI・IoTアドミニストレータ（AIA）の資格取得後，以下の資格認定ロゴを進呈いたします。認定ロゴは1週間以内にPDF形式でメールにて送付いたします。

●認定AI・IoTスペシャリスト（AIS），認定AI・IoTアドミニストレータ（AIA）：資格認定ロゴ

認定AI・IoTスペシャリスト（AIS）
資格認定ロゴ

認定AI・IoTアドミニストレータ（AIA）
資格認定ロゴ

☞ポイント

　認定AI・IoTスペシャリスト（AIS），認定AI・IoTアドミニストレータ（AIA）毎に認定ロゴを発行いたします。ご自分のスキルを社内にアピールできると同時に，AIAからAISへのモチベーションアップにつながっています。

　1年間で上位のAISを取得される方もいれば，また2年間でAISを取得するなど，ご自身で計画を立てて研修および試験を受講・受験いただくことができます。

認定AI・IoTスペシャリスト（AIS）/認定AI・IoT アドミニストレータ（AIA）：資格認定証

概要

　認定AI・IoTスペシャリスト（AIS），認定AI・IoTアドミニストレータ（AIA）の資格取得後，認定証を発行いたします。認定証は1週間以内にPDF形式にてメールで送付いたします。

●認定AI・IoTスペシャリスト（AIS），認定AI・IoTアドミニストレータ（AIA）：資格認定証

認定AI・IoTスペシャリスト（AIS）
資格認定証

認定AI・IoTアドミニストレータ（AIA）
資格認定証

ポイント

　認定AI・IoTスペシャリスト（AIS），認定AI・IoTアドミニストレータ（AIA）資格取得後，認定証を発行いたします。

認定AI・IoTスペシャリスト（AIS）/認定AI・IoT アドミニストレータ（AIA）：資格認定カード

概要

　認定AI・IoTスペシャリスト（AIS），認定AI・IoTアドミニストレータ（AIA）の資格取得後，以下の認定カードを進呈いたします。認定カードは1月～3月，4月～6月，7月～9月，10月～12月の3か月単位でまとめて資格者に郵送いたします。

●認定AI・IoTスペシャリスト（AIS），認定AI・IoTアドミニストレータ（AIA）：資格認定カード

認定AI・IoTスペシャリスト（AIS）
資格認定カード

認定AI・IoTアドミニストレータ（AIA）
資格認定カード

ポイント

　認定AI・IoTスペシャリスト（AIS），認定AI・IoTアドミニストレータ（AIA）資格取得後は，AIS，AIA毎に認定カードを発行いたします。認定カードを携帯・提示することでご自分のスキルを社内にアピールできます。また，AIAからAISへと上位資格へのモチベーションアップにもつながります。

第4節　認定AI・IoT基礎検定（AIFT）のご紹介

認定AI・IoT基礎検定（AIFT）：出題領域

概要

　DXの実現においては，DXやSociety 5.0，Connected Industriesの概念のとおり，第三次産業革命時代のITのみならず，第四次産業革命時代のAI・IoTを代表とする最先端のデジタルツールも活用する必要があります。これらのデジタルツールにはそれぞれの役割があります。たとえば，IoT（I領域）は収集すること，BIG DATA（B領域）は貯めること，AI（A領域）は分析すること，SECURITY（S領域）は守ること，最後のVALUE UP（V領域）では，企業のKGI（Key Goal Indicator：重要目標達成指標），KPI（Key Performance Indicators：重要業績評価指標）の実行により業務改革・経営改革におけるDX実現を行います。

●認定AI・IoT基礎検定（AIFT）：出題領域

ポイント

　このように当協会は，わが国の第四次産業革命の時代においてDXやSociety5.0，Connected Industriesを展開するために，AIやIoTを代表とする最先端のデジタルツールの導入を先導する組織・人材の不足を解消し，中小企業の経営課題に対してITベンダーの皆様と中小企業の皆様の架け橋役となり，AI×IoTによるDXを実現することを認定AI・IoTコンサルタント（AIC），認定AI・IoTスペシャリスト（AIS）および認定AI・IoTアドミニストレータ(AIA)の活動目的としております。そのための基礎知識を身につけていることを証明する資格が認定AI・IoT基礎検定（AIFT）となります。

認定AI・IoT基礎検定（AIFT）：試験概要と学習要領①

　認定AI・IoT基礎検定（AIFT）の資格取得メリット，資格取得条件，取得後の姿は以下のとおりです。検定試験の費用は5,000円（税込み）となります。

　本資格の特徴（メリット）として，AI・IoTの基礎知識を身につけることができ，上位の認定AI・IoTコンサルタント（AIC）および認定AI・IoTアドミニストレータ（AIA）の資格取得前に基本的な知識レベルを補完することができます。

●認定AI・IoT基礎検定（AIFT）：資格取得メリット

検定名称	資格取得メリット
AI・IoT基礎検定　AIFT　AI・IoT Fundamental Test　Certification	・AIやIoTの基礎知識が身につきます。 ・上位のAIA、AISための基礎知識が身につきます。 ・ホームページにお名前掲載いたします。 ・認定ロゴ、認定書をお送りいたします。

●認定AI・IoT基礎検定（AIFT）：レベル・条件・KGI

レベル（認定名称）	資格取得条件	資格取得後の姿（KGI）
AI・IoT基礎検定　AIFT　AI・IoT Fundamental Test　Certification	・試験時間1時間 ・どなたでも申し込み可能 ・費用5,000円（税込み）	・AIやIoT基礎知識が身につく。

ポイント

　認定AI・IoT基礎検定（AIFT）の出題領域は，システムマップ上のIoT（I領域），BIG DATA（B領域），AI（A領域），SECURITY（S領域）の4つの領域となります。各領域から15問が出題され（合計60問），合格基準は70点以上（100点満点）となります。

　ちなみに合格率はおおむね70％程度となっています。

認定AI・IoT基礎検定（AIFT）：試験概要と学習要領②

　認定AI・IoT基礎検定（AIFT）の合格者には，以下の認定ロゴと合格証をお送りいたします。併せて当協会のホームページ上に合格者の皆様の氏名を掲載いたします。

　認定ロゴと合格証は，1週間以内にPDF形式にてメールで送付いたします。

認定AI・IoT基礎検定（AIFT）
合格証

認定AI・IoT基礎検定（AIFT）
資格認定ロゴ

ポイント

　認定AI・IoT基礎検定（AIFT）は，IoT（I領域），BIG DATA（B領域），AI（A領域），SECURITY（S領域）の4つの領域について，基礎的な知識を問う問題です。出題は4択問題形式で，試験時間は60分となります。（時間内に終了できない場合でも終了時刻をもって試験を締め切ります。）

　学習方法については本書の第3章を中心に学習してください。それ以外にも他の書籍やネットなどから情報収集し，IoT・BIG DATA・AI・SECURITYの基礎を習得していただくと合格率が向上します。合格点は70%以上の正答となります。

　前述したように，AIFTは，上位の認定AI・IoTジュニアコンサルタント（AIJC）および認定AI・IoTアドミニストレータ（AIA）取得前または取得後に基礎的な知識レベルを補完する検定試験となります。

　また，上位のAICやAIA，AISと一緒に取得すれば，マネジメント（コンサルタント）志向からテクニカル（エンジニア）志向の全方位を学び，実践可能なDX人材としてのスキルと実践的なノウハウを身につけることができます。

認定資格申し込みサイト

　支援者側認定資格は，①これからの第四次産業革命時代に必須な知識となるAI・IoTの基礎知識を学んだことを証明するAI・IoT基礎検定（AIFT）資格，および②支援者として実践的な研修と試験に合格したことを証明する，AI×IoTによるDXを実現する日本初の資格である認定AI・IoTコンサルタント（AIC）資格の合計2種類となります。

　AIFT，AICを目指す方は，以下のサイトをご確認のうえお申込みください。

■支援者側認定資格
　https://www.aipa.jp/consultansts/

■支援者側AI・IoT基礎検定（AIFT）
　https://www.aipa.jp/consultansts-aiftget/

■認定AI・IoTコンサルタント（AIC）
　https://www.aipa.jp/consultansts-aicget/

　企業側認定資格は，①これからの第四次産業革命時代に必須な知識となるAI・IoTの基礎知識を学んだことを証明するAI・IoT基礎検定（AIFT）資格，および②企業側として実践的な研修と試験に合格したことを証明する，AI×IoTによるDXを実現する日本初の資格であるAI・IoTアドミニストレータ（AIA），ならびにAI・IoTスペシャリスト（AIS）の合計3種類となります。

　AIFT，AIA，AISを目指す方は，以下のサイトをご確認のうえお申込みください。

■企業側認定資格
　https://www.aipa.jp/companyside/

■企業側AI・IoT基礎検定（AIFT）
　https://www.aipa.jp/companyside-aiftget/

■認定AI・IoTアドミニストレータ（AIA）
　https://www.aipa.jp/companyside-aiaget/

■認定AI・IoTスペシャリスト（AIS）
　https://www.aipa.jp/companyside-aisget/

コラム4 AIによる需要予測と商品仕入れに関するMDの精度向上

婦人用アパレル業C社では，ショッピングカートやエプロン，キッチンマットなどを主力商品として自社の中国工場でロット生産し，国内の百貨店や専門店で販売するとともにネット通販会社にも卸しています。

過去には社内のマーチャンダイザーがアパレル用基幹システムのデータを使い，計算ロジックを入れたEXCELに入力することで仕入計画と販売計画を立てていました。

特に，ネット通販会社がTVCMでプロモーションを行うと一気に販売数が伸びることから，在庫切れによる機会損失がないように大量の在庫を抱えていました。

しかし，思ったよりも販売数が伸びないケースもあるため，不良在庫となることを恐れ，社内のマーチャンダイザーが販売予定数より少なめに工場へ発注する傾向が蔓延していました。

本来，在庫があれば売れていた機会損失の金額は，多い月で100万円ほどになることもあり，それを何とか防止するためには精度の高い需要予測と商品仕入れに関するMD（マーチャンダイジング）の向上が必須でした。

また，不良在庫が倉庫の在庫保管スペースを無駄に占有しており，作業スペースが手狭になるとともに，倉庫の賃料（保管コスト）が大幅に増加していました。

そこで，C社は，機械学習を基本としたAIツールを導入し，基幹システムのデータで適正な発注数と需要予測により商品仕入れに関するMDの精度向上に取り組みました。

初期段階では，EXCELデータを最低限踏まえた機械学習でしたが，今後は，季節変動，天候変動，気温や湿度，顧客の声などさまざまなデータをBIG DATAとして蓄積し，AIによる分析によりさらにMDの精度向上を図りたいとしています。

特に，AIで分析したいことは，マーチャンダイザーが気づかなかったデータ分析の結果についてです。

さまざまなデータを収集し，BIG DATAにすることで今まで考えもつかなかったような商品開発ができたり，商品の色や柄，販売金額なども分析できるようになるでしょう。

このように，AIにより需要予測と商品仕入れに関するMDの精度向上というDX実現の好事例となります。

第5章 DX Process フレームワーク集

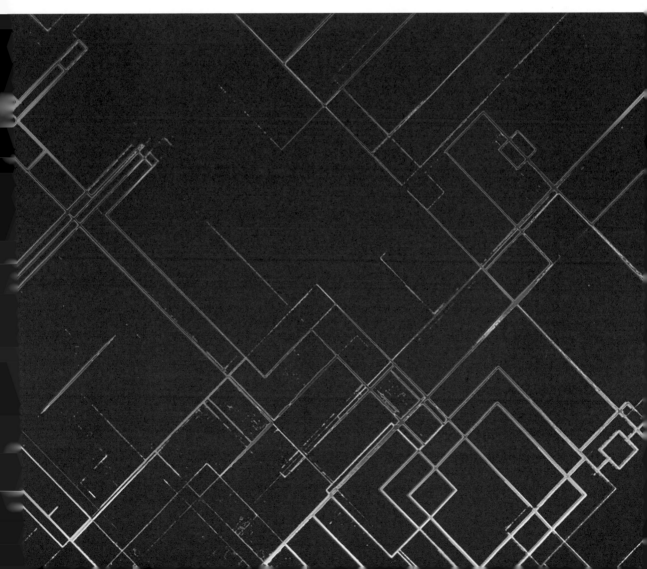

DX推進における定性評価

#	各項目のキークエスチョン	レベル0	レベル1	レベル2	レベル3	レベル4	レベル5
	成熟度レベル						
1	《ビジョンの共有》 データとデジタル技術を使って、変化に迅速に対応しつつ、顧客視点でどのような価値を創出するのか、社内外でビジョンを共有できているか。						
2	《危機感とビジョン実現の必要性の共有》 将来におけるディスラプションに対する危機感と、なぜビジョンの実現が必要かについて、社内外で共有できているか。						
3	《経営トップのコミットメント》 ビジョンの実現に向けて、ビジネスモデルや業務プロセス、企業文化を変革するために、組織整備、人材・予算の配分、プロジェクト管理や人事評価の見直し等の仕組みが、経営のリーダーシップの下、明確化され、実践されているか。						
4	《マインドセット、企業文化》 挑戦を促し失敗から学ぶプロセスをスピーディーに実行し、継続できる仕組みが構築できているか。						
5	《推進・サポート体制》 DX推進がミッションとなっている部署や人員と、その役割が明確になっているか。また、必要な権限は与えられているか。						
6	《人材育成・確保》 DX推進に必要な人材の育成・確保に向けた取り組みが行われているか。						
7	《事業への落とし込み》 DXを通じた顧客視点での価値創出に向け、ビジネスモデルや業務プロセス、企業文化の改革に対して、（現場の抵抗を抑えつつ、）経営者自らがリーダーシップを発揮して取り組んでいるか。						
8	《ビジョン実現の基盤としてのITシステムの構築》 ビジョン実現（価値の創出）のためには、既存のITシステムにどのような見直しが必要であるかを認識し、対応策が講じられているか。						
9	《ガバナンス・体制》 ビジョンの実現に向けて、IT投資において、技術的負債を低減しつつ、価値の創出につながる領域へ資金・人材を重点配分できているか。（「技術的負債」：短期的な観点でシステムを開発し、結果として、長期的に保守費や運用費が高騰している状態のこと。）						

0．表紙

〇〇〇〇〇〇〇〇　御中

対象領域：〇〇〇〇〇〇〇〇〇〇〇〇

2022年〇〇月〇〇日

〇〇〇〇

Ⅰ.目標策定①経営理念・経営者の想い

①経営理念・経営者の想い

対象領域	内容	
経営理念		
経営上の想い	[定量的]	[定性的]
業務上の想い	[定量的]	[定性的]

Ⅰ.目標策定①経営理念・経営者の想い

①経営理念・経営者の想い

	顧客は誰か？（ターゲット）	何を欲しいのか？（ニーズ）	どのような製品・サービスを提供できるか？（ノウハウ）
現在の事業ドメイン（既存ビジネスの変革）			
新事業ドメイン（新規ビジネスの創出）			

※表記内容補足：新事業ドメイン（新規ビジネスの創出）に関しては現在の事業ドメイン（既存ビジネスの変革）以外の新規ビジネス創出を記載をしている。実際は既存と新規ビジネス双方に対応する。

②経営目標

単位：千円

指標	前期 (2020年度)	当期 (2021年度)	来期 (2022年度)
売上高	(千円)	(千円)	(千円)
粗利 (売上総利益)	(千円)	(千円)	(千円)
売上総利益率	％	％	％
営業利益	(千円)	(千円)	(千円)
営業利益率	％	％	％

※小数点第2位四捨五入

③業務改善目標

各種部門（組織）	内容		

④課題一覧表

対象領域 【　　　　　　　】

NO	業務課題	課題内容	記載日	部門	発言者
1					
2					
3					
4					
5					

⑤AS-IS版業務フロー分析

会社全体の業務フロー図

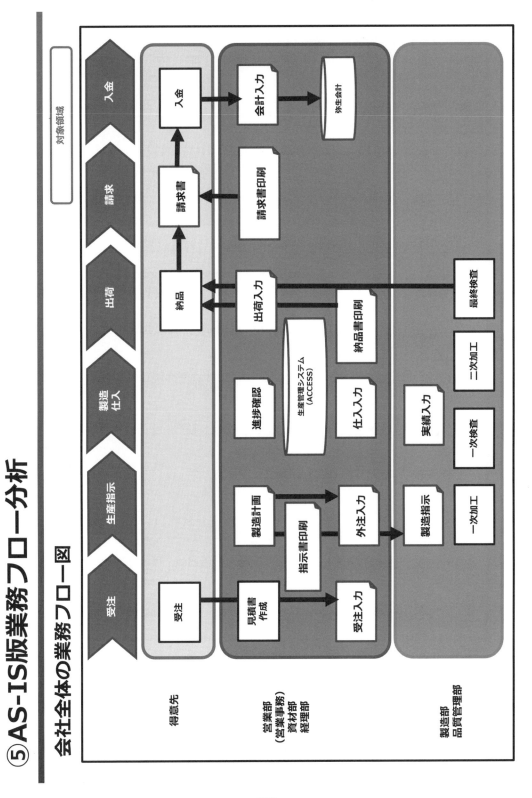

⑤AS-IS版業務フロー

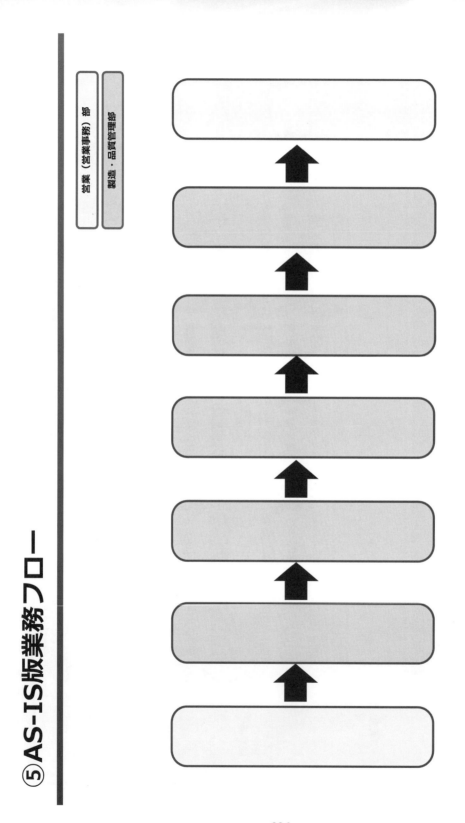

営業（営業事務）部
製造・品質管理部

⑥AS-IS版システムマップ

【分析する（A領域）】

NO	技術構成	内容	記載日	部門	発言者
1					

【貯める（B領域）】

NO	技術構成	内容	記載日	部門	発言者
1					

【収集する（I領域）】

NO	技術構成	内容	記載日	部門	発言者
1					
2					
3					
4					
5					

【守る（S領域）】

NO	技術構成	内容	記載日	部門	発言者
1					

⑥AS-IS版システムマップ

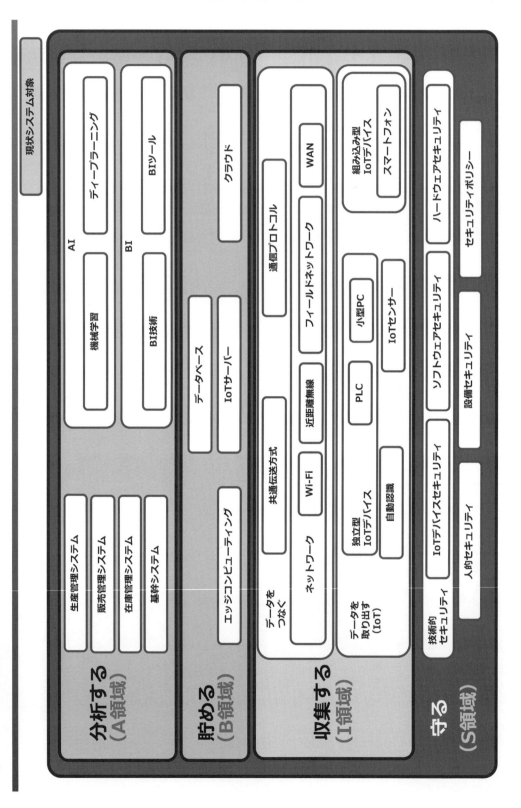

⑦課題解決実施一覧表

対象領域 【　　　　　　　　　　　】

NO	業務課題	課題内容	改善実施策	記載日	部門	発言者
1						
2						
3						
4						
5						

239

⑧TO-BE版システムマップ

【分析する（A領域）】

NO	技術構成	内容	記載日	部門	発言者
1					
2					
3					

【貯める（B領域）】

NO	技術構成	内容	記載日	部門	発言者
1					
2					
3					

【収集する（I領域）】

NO	技術構成	内容	記載日	部門	発言者
1					
2					
3					
4					
5					

【守る（S領域）】

NO	技術構成	内容	記載日	部門	発言者
1					
2					
3					
4					

⑧TO-BE版システムマップ

NO	技術構成	内容	記載日	部門	発言者
1					
2					

⑧TO-BE版システムマップ

NO	技術構成	内容	記載日	部門	発言者
1			-		
2					

⑧To-Be版システムマップ

NO	技術構成	内容	記載日	部門	発言者
1					
2					

⑨TO-BE版業務フロー

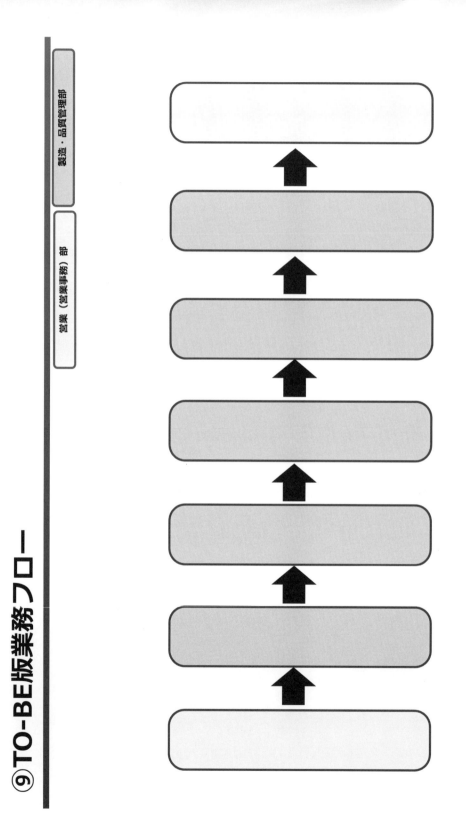

⑩AI・IoT導入シナリオ（BSC）

経営理念

財務の視点
（Ｖ領域）

顧客の視点
（Ｖ領域）

業務プロセス
の視点

（Ａ領域）

（Ｂ領域）

（Ｉ領域）

（Ｓ領域）

学習と成長
の視点
（Ｓ領域）

⑩AI・IoT導入シナリオ（BSC）

視点	KPI（カッコ内はKGI）		KGI及びKPIを達成させる実行項目・達成時期	担当部門
	指標	目標値		
財務の視点				
顧客の視点				
業務プロセスの視点				
学習と成長の視点				

⑩AI・IoT導入入シナリオ（BMC）

KP キーパートナー	KA 主要活動	VP 価値提案	CR 顧客との関係	CS 顧客セグメント
	KR 主なリソース		CH チャネル	
CS コスト構造		RS 収益の流れ		

⑪実行計画書

実行体制・実行スケジュール・実行予算など			
実行体制 （役割・責任）			
実行 スケジュール			
実行予算			
調達方式			

⑫データ捕捉と業務改善対策

視点	AI・IoT導入シナリオ（データ捕捉と業務改善対策）				
	KPI（カッコ内はKGI）		捕捉状況（期末後）	業務改善対策	担当部門
	指標	目標値			
財務の視点					
顧客の視点					
業務プロセスの視点					
学習と成長の視点					

【編著者】

一般社団法人 AI・IoT普及推進協会

わが国のDXやSociety 5.0，Connected Industriesの概念を踏まえ，AI・IoTを代表とする最先端のデジタルツールを販売するITベンダーと中小企業の架け橋役となり，AI×IoTによるDXを実現することを目的に活動している。

住所：〒102-0084 東京都千代田区二番町9-3 THEBASE麹町
URL：https://www.aipa.jp

【執筆者】
　　第1章：阿部　満
　　第2章：阿部　満
　　第3章：栃川昌文（IoT領域）
　　　　　　和栗正昭（BIG DATA領域）
　　　　　　阿部　満（AI領域）
　　　　　　酒井正幸（SECURITY領域）
　　第4章：阿部　満
　　第5章：阿部　満

2022年10月5日　第1刷発行

DXプロセスガイドライン

編著者　一般社団法人
　　　　AI・IoT普及推進協会

発行者　脇 坂 康 弘

発行所　株式
　　　　会社 同友館

〒113-0033 東京都文京区本郷 3-38-1
TEL.03(3813)3966
FAX.03(3818)2774
https://www.doyukan.co.jp/

落丁・乱丁本はお取り替えいたします。　　　西崎印刷／三美印刷／松村製本所
ISBN 978-4-496-05614-7　　　　　　　　　　　　Printed in Japan

本書（第1刷）のご購入特典

概要

　本書『DXプロセスガイドライン』（第1刷）のご購入特典として以下の3点をご用意いたしました。

特典1. 認定AI・IoT基礎検定（AIFT）無料受験チケットプレゼント（先着300名）

特典2. 特典1終了後，認定AI・IoT基礎検定（AIFT）50% OFF（第1刷販売終了まで）

特典3. DXプロセスガイドラインポイント講座動画無料閲覧（第1刷販売終了まで）

特典1. AIFT無料受験チケットプレゼント

　第1刷ご購入の先着300名様に，認定AI・IoT基礎検定（AIFT）受験料5,000円（税込み）の無料受験チケットをプレゼントいたします。

特典2. AIFT50% OFF（第1刷販売終了まで）

　特典1の300名を超えた後は第1刷販売終了まで受験料定価5,000円（税込み）を50％OFFにさせていただきます。下記のURL先に必要事項を記載いただき，お申込みください。

　さらに，AIFTを取得後，上位資格の認定AI・IoTコンサルタント（AIC）と認定AI・IoTアドミニストレータ（AIA）を受講・受験される場合は特別割引制度で5,000円割引いたします。大変お得なキャンペーンですので，ぜひ上位資格の取得までご検討ください。

※本書が第2刷となった時点で本特典は終了となります。

特典3. 講座動画無料閲覧（第1刷販売終了まで）

　応募いただいた方全員，本書の内容を要約して解説した「『DXプロセスガイドライン』出版記念ポイント解説講座」の動画無料閲覧ができます。

　DXプロセスガイドラインを有効に利用していただくためにポイントを60分でわかりやすく解説しております。

　下記のURL先に必要事項を記載いただき，お申込みください。

※本書が第2刷となった時点で本特典は終了となります。

『DXプロセスガイドライン』ご購入特典サイト

　以下のURLより各特典のお申込みをお願いいたします。

https://www.aipa.jp/benefits-site/